Daniel Cohen éditeur

Profils d'un classique, une collection dirigée par Daniel Cohen

Profils d'un classique a pour vocation d'offrir au lecteur français, par voie de l'essai ou de l'œuvre plus personnelle, un éclairage nouveau sur des auteurs nationaux ou étrangers à qui la maturité littéraire et la renommée nationale confèrent le statut de « classique ». S'il est vrai qu'elle vise plus spécifiquement des auteurs contemporains, et en tout cas nés au XXe siècle, elle pourrait s'ouvrir également à des auteurs plus anciens, nés au XIXe siècle notamment, mais dont l'œuvre s'est déroulée, à cheval entre les deux siècles, soit par son retentissement, soit par sa cristallisation.

Claude Vigée a inauguré la collection avec *Mélancolie solaire*. L'ont suivi Raymond Espinose avec des textes sur Albert Cossery et Boris Vian, Georges Ziegelmeyer sur le Coréen Jo Jong-Nae, et, cerise sur le gâteau, André Gide, dont les poésies, tirées des *Cahiers d'André Walter*, illustrées par Christian Gardair, ont conféré à la collection une touche prestigieuse. Pour la dernière saison de 2009, sont prévus le texte de Didier Mansuy sur Marcel Jouhandeau, Hamid Fouladvind sur son ami Louis Aragon et à nouveau Claude Vigée avec un somptueux *L'extase et l'errance*. D'autres titres sont en préparation pour 2010.

ISBN : 978-2-296-08788-0

Edith Stein

« Le livre aux sept sceaux »

Autres Œuvres

Poésie

Notre amour est pour demain (Pierre Seghers, 1951)
Au clair de l'amour (avec un dessin de Fernand Léger, Seghers, 1955)
D'une voix commune (dessins de Robert Lapoujade, Seghers, 1962)
L'Opéra de l'espace (N.R.F. Gallimard, 1963)
Arbre d'identité (Rougerie, 1976)
Un cantique pour Massada (Europe/poésie, 1976)
Table des éléments (Pierre Belfond, 1978)
Délogiques (Belfond, 1981)
Quarante polars en miniature (Rougerie, 1983)
La vie est un orchestre (Pierre Belfond, 1991) Prix Max Jacob 1992
Alphabase (Rougerie, 1992)
Fable Chine (avec des papiers froissés de Ladislas Kijno, Rougerie, 1996)
Géode (dessins de Jacques Clauzel, Ed.PHI, 1998)
Journal alternatif (acryliques de François Féret, Dumerchez, 2000)
L'Escalier des questions (lavis de Colette Deblé, (L'Amourier, 2002)
Corps à réinventer (Ed. de la Différence, 2005)
La réalité d'à côté (Frontispice de Nicolas Rozier, L'Amourier, 2005)
La scène primitive (Ed. de la Différence, 2006)
Gestuaire des sports (dessins d'Alain Bar Le Temps des cerises,2006)
À revoir, la mémoire, avec des collages de Ladislas Kijno, (Ed. PHI, 2006)
J'ai failli la perdre (Editions de la Différence, 2010)

Françoise Maffre Castellani

Edith Stein

« Le livre aux sept sceaux »

2011

Edith Stein
Echt, février 1942

Introduction

Longtemps, Édith Stein me parut inaccessible. La multiplicité de livres publiés sur sa vie, son oeuvre, son itinéraire spirituel, et surtout le trop grand écart entre ce qui aujourd'hui intéresse le lecteur le plus curieux et le spécialiste de la philosophie allemande ou de la mystique carmélitaine, rendaient dérisoire toute tentative de se frayer un chemin dans cette forêt.

C'est le hasard d'une conversation qui voulut que je reprenne un ancien travail : un essai sur ce qu'Édith Stein elle-même appelait son « secret ». Un secret débordant largement du cadre de sa seule relation à Dieu et qui sera de plus en plus enfoui tout au long de sa vie, permettant de lever un peu le voile qui recouvre la personnalité, sinon mystérieuse du moins atypique, de cette femme dont la fréquentation ne laisse pas en repos, tant elle suscite de curiosité, d'attraction ou d'irritation et, en un certain sens, d'inquiétude.

L'inquiétude était du reste ce sur quoi insistait le Dr Josef Möller dans son intervention à Tübingen lors de l'inauguration en 1966 du foyer d'étudiantes *Edith Stein* : « Le nom d'Édith Stein est et demeure inquiétant. Une telle dénomination implique du courage, ne serait-ce que parce que l'on ne peut dire que le nom d'Édith Stein soit populaire. L'impopularité d'une activité fondée sur la spéculation philosophique s'efface cependant devant le chemin de croix qui la conduisit au camp de concentration. Son livre, *La Science de la Croix*, ne peut à son tour que servir de référence pour ce chemin : le livre est pâle comparé au chemin lui-même. »[1]

Les étapes d'un tel chemin se succédèrent selon une sorte de symétrie : enfance heureuse, libre, mais un peu difficile ; adolescence protégée, mais tourmentée ; études brillantes, amitiés nombreuses, mais amours déçues ; engagement intellectuel passionné dans le siècle à la recherche du vrai et du juste, mais pressentiment, barrant l'avenir, de la catastrophe qui allait s'abattre sur les Juifs. Cette alternance de lumière et d'ombre s'était donc inscrite dès l'origine dans la personnalité d'une femme dont le destin met au défi toute tentative de catégorisation, tellement il ménage de surprises et tellement il réjouit par la liberté de celle qui l'embrassa, une liberté qui suscita

1. Citation chez Waltraud Herbstrith et Marie-Dominique Richard, *La folie de la Croix*, Le Signe, 1997, p. 42.

scandales, incompréhensions et même commentaires inqualifiables.

Beaucoup parmi nous ont entendu parler des décisions surprenantes qui marquèrent la vie d'Édith Stein, et savent qu'elle arriva à Auschwitz, le 9 août 1942, qu'elle y fut aussitôt gazée parce qu'elle était juive et qu'elle fut béatifiée, le Ier juin 1987, puis canonisée, le 11 octobre 1998, par le pape Jean-Paul II, en tant que « martyre chrétienne » et « fille d'Israël » — ce qui n'alla pas sans remous.

Autour d'Édith Stein, l'inclassable, la non-conforme à toute idée préconçue, il y eut donc beaucoup de murmures devant le chemin inattendu et paradoxal qu'elle emprunta et dont le sens n'apparaît que tout à la fin quand les circonstances tragiques et le Dieu auquel elle livra sa vie eurent levé les sceaux qui auraient pu entraver sa liberté.

Quels sceaux ? Et quels paradoxes ?

Elle était juive, incroyante dans sa jeunesse par revendication d'indépendance, mais elle resta juive par toutes les fibres de son être, même après sa conversion : le Livre demeurant le soutien de sa vie, son conseil et sa lumière. Avec les siens, selon son désir le plus profond, elle marcherait vers l'accomplissement en Jésus Christ de la Promesse faite à Israël, toute mystérieuse que puisse paraître cette Promesse.

L'itinéraire spirituel d'Édith Stein fut très particulier : évolutif, affectif, comme le nôtre, il resta en expansion au long d'un cheminement difficile jusqu'à son terme, quand à travers les drames et déchirements assumés, elle acquerra une paix intérieure au creux même de l'angoisse, grâce à la découverte d'un appui inébranlable. Très particulier, cet itinéraire fut également déconcertant. Par exemple, lorsque elle demande le baptême, elle a déjà trente ans, cherche depuis longtemps sa voie parmi les philosophes, hésite, et finalement se décide, brusquement, après avoir lu la *Vie par elle-même* de Thérèse d'Avila, durant une nuit de feu chez ses amis les Conrad-Martius. Et pourtant elle attendra douze ans avant de se présenter au carmel de Cologne. C'est donc en 1933, à quarante-deux ans — ce qui est rarissime — et alors que Hitler venait d'accéder au pouvoir, qu'elle frappe à la porte du Carmel, au scandale de sa famille et de ses amis, ce que l'on comprend, pour peu que l'on essaie de se mettre à leur place.

Elle était Allemande et devra assumer les pires moments de l'histoire de son pays, déchirée entre son amour de l'Allemagne (« Je suis prussienne et juive », écrira-t-elle avec fierté) et ce que l'Allemagne devenait sous la botte nazie, tandis que la Prusse, sa terre natale et tellement aimée serait l'un des fers de lance de l'antisémitisme. Qu'Édith Stein ait pu garder un amour ardent pour son pays, sa grandeur passée et encore récente sous Bismarck, sa culture philosophique, littéraire, artistique, scientifique, sa tolérance à l'égard des minorités, pensait-elle, à l'heure où d'autres Juifs allemands fuyaient cette « terre blafarde » (Brecht), cela peut se comprendre aussi, mais avec un petit effort.

Elle était catholique, et souffrit à un degré que l'on imagine sans peine de l'antijudaïsme séculaire de l'Église, vecteur d'un antisémitisme répandu alors dans toutes les couches de la société allemande, dans toute l'Europe et jusqu'à Rome. Pourtant, en dépit du poids de l'Histoire, en dépit des aveuglements et des trahisons des responsables de l'Église et des chrétiens en général, elle écrivit sur l'Église-Corps du Christ, des pages irradiées de lumière. Par quelle tension de l'esprit jusqu'à risquer de perdre toute assise intellectuelle, Édith Stein est-elle parvenue à tenir ensemble semblables contradictions ? C'est au Carmel que ces incompatibilités apparentes s'unifièrent sous l'influence de ses deux maîtres, sainte Thérèse d'Avila et saint Jean de la Croix, pendant les neuf années qu'elle vécut cloîtrée à Cologne d'abord, puis à Echt aux Pays-Bas où elle dut se réfugier, la mort dans l'âme, après la Nuit de Cristal du 9-10 novembre 1938. Elle ne consentit à cette fuite que pour épargner à ses sœurs d'éventuelles représailles.

Elle était aussi et essentiellement philosophe et une philosophe si prestigieuse qu'on tenta de la détourner de la vie monastique, tellement on l'estimait promise à une brillante carrière dans le monde. Elle n'écouta pas ces conseils, sans pour autant renoncer à écrire. Elle se présenta même à la porte du carmel de Cologne, précédée de six grandes caisses de livres, ce qui était assez surprenant de la part d'une femme, et d'une femme de ce temps-là !

On le voit, Édith Stein intrigue et en irrite plus d'un.

Elle intriguait déjà et depuis longtemps sa mère, ses frères et ses sœurs.[2] Mme Stein, restée veuve avec sept enfants après le décès accidentel de son mari, fit face à une situation difficile, grâce à une extraordinaire énergie. « Vraie mère juive », selon les mots d'Édith, vraie matriarche, elle régnait sur sa famille avec autorité et amour en puisant sa force dans sa fidélité à la Thora. Mais, à sa désolation, tous ses enfants cessèrent de pratiquer la religion de

2. Édith Stein eut deux frères, Paul et Arno, et quatre sœurs, Else, Frieda, Rosa et Erna. (Quatre autres enfants moururent en bas âge).

leurs pères. Que dire alors de sa douleur quand elle apprit la conversion d'Édith, née le 12 octobre 1891, jour du Grand Pardon, le Yom Kippour ? Augusta avait vu une « bénédiction » dans cette date, riche de tant de sens pour les Juifs. Une bénédiction, en effet, mais dont elle ne sut pas de son vivant à quoi elle conduirait sa fille préférée.

D'après Édith Stein qui le raconte dans la *Vie d'une famille juive*[3], tous ses frères et sœurs furent des « énigmes » pour leur mère, soit en raison de leur caractère ou du peu d'intérêt que l'un ou l'autre manifesta pour les études et moins encore pour la succession de leur père dans sa fabrique de bois, devenue « le royaume » de la mère, soit à cause du choix de tel ou tel conjoint. Mais, incontestablement, la plus énigmatique, c'était Édith, la benjamine.

L'anecdote qui suit est, de ce point de vue, éloquente. Lorsqu'elle était encore enfant, Édith avait été surnommée par ses sœurs : « Le livre aux sept sceaux ». Étonnante prescience d'une destinée intellectuelle et spirituelle qui s'avérerait, de fait, aussi complexe qu'énigmatique. Et étrange idée que l'attribution d'un tel surnom par des jeunes filles juives à une enfant de quatre ou cinq ans ! S'ajoute une sorte de contradiction entre la pesante connotation des sceaux et ce que nous ne cesserons de découvrir

3. Éditions Herder, Fribourg, 1985, en français Ad Solem-Cerf, 2001.

de la femme libre que fut éminemment Édith Stein. Car il est possible d'être déterminé par son héritage génétique, son milieu familial et social, et libre, en vertu de la part de liberté qui nous est laissée au hasard de circonstances plus ou moins favorables. Très favorables dans le cas d'Édith Stein.

Quant au « livre aux sept sceaux», couronnant les visions de l'Apocalypse au cours desquelles Jean voit devant lui se révéler la destinée de l'humanité jusque là voilée, scellée, au cœur du mystère d'Israël, il représente dans la tradition chrétienne le Premier Testament déchiffrable en partie seulement, mais rendu pleinement intelligible par l'Agneau immolé, vainqueur du mal et de la mort.

Édith Stein connaissait évidemment ce texte, et n'avait pas non plus oublié que l'image des sceaux se trouve déjà dans les livres prophétiques, soit pour annoncer la colère de Dieu devant son peuple aveugle et sourd, soit pour enraciner la vocation du prophète dans une unité indéfectible avec son Dieu.

Autant dire que déjà, comme dans un miroir, Édith Stein pouvait voir se refléter ce qui serait sa place entre les deux Testaments.

C'est pourquoi, sur cet arrière plan scripturaire,

nous pouvons l'imaginer dans sa cellule, repensant en souriant, à ce surnom, qui ne devait pas lui déplaire, et qui en tout cas tranchait de façon amusante sur ceux de ses sœurs, par exemple Erna, dite « la corneille », parce qu'elle était très susceptible et que dans ses accès de colère, elle poussait des cris stridents, ou Rosa, dite « le lion », parce que dans ses crises de rage, elle poussait des rugissements ! Mais par-delà les anecdotes qui pullulent dans ce livre de Mémoires pour le plaisir du lecteur qui se sent ainsi en familiarité avec son auteur, le plus curieux, c'est bien l'étrangeté d'Édith Stein, même si c'était pour rire que ses frères et sœurs voyaient en elle, quand elle était toute petite, « un puits de science » ou « le livre aux sept sceaux ».

À vrai dire, quiconque la fréquente depuis longtemps sait que l'image véritablement emblématique des sceaux et des sceaux levés est, entre autres, celle qui offre une ouverture privilégiée pour entreprendre une « expédition » (c'est un mot d'Édith Stein) dans ses « demeures » (un mot de Thérèse d'Avila) où, « de commencements en commencements », nous irons avec elle « jusqu'à des commencements qui n'auront plus de fin » (Grégoire de Nysse), en l'accompagnant dans la complexité de sa vie psychologique, les tensions de sa vie affective, les traversées de sa vie intellectuelle sous l'étendard de la liberté, enfin l'expérience avec Thérèse d'Avila et

Jean de la Croix de l'union crucifiante avec Dieu, qui lui permettra d'entrer librement dans sa passion «sur les pas du Crucifié», selon ses propres termes, avec son peuple, pour son peuple et pour le salut de l'Allemagne et du monde.

Le paradoxe du livre scellé-descellé par le jeu des circonstances d'*Une vie bouleversée* se resserre alors sur son nœud dans le choix du Carmel. J'ai repris le titre donné au *Journal* d'Etty Hillesum, car chez les deux femmes, quoique si différentes, se retrouvent le même développement personnel, le même accès à une humanité plénière, la même libération spirituelle, à l'heure des choix décisifs.

Pour Édith Stein, ce sera précisément au moment où elle paraît renoncer à toute autonomie durant ses dernières années, qu'elle fera au contraire l'expérience d'une liberté quasi indescriptible, tout à fait « différente de genre», «d'un autre ordre» que les autres libertés, même les plus hautes, pour parler comme Pascal.

I

« De commencements en commencements »...

De l'enfance à la maturité philosophique

« Il y avait cependant un monde caché au plus profond de moi. »[1]

L'entreprise exceptionnelle consistant à écrire, dans un monastère, la vie de sa famille et la sienne, ne laisse pas d'étonner, mais se conçoit pourtant car si le récit à proprement parler est surabondant, il n'en demeure pas moins au service du témoignage.

Il s'agissait en effet pour la narratrice en proie à l'angoisse, alors que dans les années où elle écrit — entre 1933-1935 et 1939 — pesaient sur son

1. *Vie d'une famille juive*, p. 87.

peuple les pires menaces, de conjurer cette angoisse en défendant l'honneur de sa famille et à travers elle, celui de tous les Juifs traînés dans la boue et déjà emportés vers la mort.

Rendons hommage à l'ouverture d'esprit et à la sensibilité de la Supérieure de cette novice de plus de quarante ans, d'un type si particulier…

Cela dit, conformément au genre littéraire qu'elle adopte, Édith Stein qui écrit pour témoigner / raconte en même temps, et pour notre plus grand bonheur, la *Vie d'une famille juive* étant le seul de ses livres qui soit aussi facile à lire, aussi bruyant de mille voix, aussi éclatant de toutes les couleurs de la vie et pour toutes ces raisons, aussi inoubliable.

Raconter

Dernière-née de la famille, Édith fut très entourée par sa mère, ses frères et ses sœurs. Elle bénéficia même d'un traitement privilégié, non seulement parce qu'elle était la plus petite, mais parce qu'elle les sidérait tous. Paul par exemple, qui avait vingt et un ans au décès de M. Stein, s'occupait beaucoup d'elle. Il la portait sur ses épaules, tandis qu'elle s'accrochait à ses cheveux, lui chantait des chansons d'étudiants et des romances populaires, lui parlait de Goethe et de Schiller, des autres poètes et dramaturges allemands, lui montrait leurs portraits, lui commentait leurs œuvres... et s'émerveillait de sa précocité. Douée d'une extraordinaire mémoire, cette petite fille de quatre ans trouvait immédiatement les réponses que « les grands » devaient chercher, quand ils jouaient aux « Auteurs ». Donc, et même si tout cela est connu, je m'y arrête car de tels événements ont leur importance. Ce n'était pas rien en effet que d'être née dans une famille aisée — sans trop — où l'on jouait, chantait, faisait aussi de la musique, où l'on aimait lire, apprendre, discuter et parler librement. On ne soulignera jamais assez le rôle capital de la parole comme facteur de lien et de construction de la personnalité. Ainsi, ce bain de culture dans lequel, enfant, Édith fut tout de suite plongée, lui sera-t-il un privilège, dont elle sut toujours reconnaître le prix.

Mais les problèmes, comme dans toutes les familles, ne manquèrent pas, à commencer par la surcharge de travail et de responsabilités de la mère. Parce qu'Augusta, « travaillait du matin au soir », c'est à Else, la première des filles, que furent confiées ses sœurs et particulièrement Édith, qui lui donna bien du souci : « Pendant les premières années de ma vie, j'étais d'une pétulance vif-argent, toujours en mouvement, débordant d'idées drôles. [...] Ma sœur aînée que j'aimais tant a vainement essayé sur moi sa science fraîchement acquise d'éducatrice. Son ultime recours était de m'enfermer dans un réduit obscur. Lorsque ce danger me menaçait, je me couchais par terre comme une masse et ma frêle sœur ne pouvait réussir à me soulever et à me porter qu'au prix d'un effort extrême. »[2]

Cependant un autre trait de caractère retient plus encore l'attention. Elle était nerveuse, tout en contradictions, passant par des « transformations inexplicables et brutales », « débordant d'une imagination matière aux constructions les plus audacieuses. » Peut-on parler d'une double facette de la personnalité d'Édith Stein ? Certainement, mais cette particularité, fréquente chez les enfants surdoués et hyperactifs, n'avait rien d'étonnant et moins encore d'alarmant. Du reste, le voile — le sceau — s'en trouve levé par Édith Stein, réfléchissant à son tempérament et à sa manière d'être. Elle explique en effet que si, à l'extérieur, elle passait pour une petite fille pleine de vitalité et de bonheur, il en allait tout autrement dans ce qu'elle appelle son « monde caché », caractérisé par une tendance au repli sur soi et à l'angoisse. Croisait-elle un homme ivre dans la rue ? « Sa vue pouvait me poursuivre des jours et des nuits. » Parlait-on autour d'elle

2. *Vie d'une famille juive*, p. 86 sq.

d'un meurtre ? « Je restais éveillée la nuit des heures durant, et l'épouvante, sortant de tous les recoins sombres, rampait vers moi. »

Cette émotivité devait laisser des traces profondes en Édith Stein qui dut y faire face à mainte occasion, jusqu'au Carmel où il lui arriva d'être totalement submergée par ses émotions. Ce fut le cas, par exemple, pendant la Nuit de Cristal de novembre 1938 au cours de laquelle environ 7 000 devantures de magasins juifs furent brisées, 260 synagogues pillées et incendiées, 30 000 personnes arrêtées ou déportées, des femmes violées dont le nombre ne se compte pas, des milliers de personnes blessées, une centaine tuées dans les rues.[3] À Cologne où se trouvait Édith Stein, la Supérieure avait ordonné que l'on ouvrît les portes du monastère afin que puisse s'y réfugier le plus de monde possible, tandis qu'à l'extérieur on entendait le bruit du bris des vitrines, les coups de feu et les hurlements. Cet horrible événement provoqua en Édith Stein une crise d'angoisse qui fit remonter dans sa conscience la hantise d'une malédiction de son peuple, inscrite dans les mentalités chrétiennes par des siècles d'enseignement du « déicide » vouant les Juifs, comme certains ont pu le prétendre, à la malédiction divine.

3. Marc-Antoine Charguéreau, *Tous coupables ? Les démocraties occidentales et les communautés religieuses face à la détresse juive*, T1, 1933-1940, Le Cerf. Labor et Fides, 1998, p. 170.

En 1948, la Prieure, Mère Teresia Renata (qui rédigea la première biographie d'Édith Stein) a raconté la scène: «Sœur Benedicta [le nom en religion d'Édith Stein était Thérèse-Bénédicte de la Croix] était transie de douleur. — C'est l'ombre de la Croix qui tombe sur mon peuple ! Oh ! S'il pouvait maintenant comprendre ! C'est l'accomplissement de la malédiction que mon peuple a appelée sur lui-même. [...] Ô douleur si la vengeance de Dieu qui aujourd'hui atteint mon peuple vient sur cette ville et sur cette terre ! »[4]

Ces paroles sont souvent omises par les biographes. On peut le regretter, car même si dans sa littéralité la scène — emphatique — est sujette à caution (la Prieure a peut-être transféré sur Édith ses propres sentiments très marqués par l'antijudaïsme traditionnel de l'Église), elle n'en demeure pas moins vraisemblable, symptomatique, en tout cas, de l'effondrement de la résistance nerveuse d'Édith Stein. Pourquoi faudrait-il s'en scandaliser ? Depuis quand le plus solide, le plus grand, le plus saint des êtres humains devrait-il rester de marbre devant la persécution et l'assassinat des siens ? Qui ne comprendrait que même une femme comme Édith Stein était capable d'une réaction d'affolement telle que

4. Citation chez Sylvie Courtine-Denamy, *Trois femmes dans de sombres temps. Édith Stein, Hannah Arendt, Simone Weil.* Bibliothèque Albin Michel. Idées, 1997, p. 131.

tout, jusqu'à sa relation à Dieu, ait pu se trouver momentanément affecté ? Elle était de toute façon excessive, mais plus encore capable d'embrasser d'un seul regard la tragédie qui se jouait devant elle, victime, ai-je envie de dire, de ses propres dons, qui lui firent pressentir, en cet instant crucial, et littéralement voir, ce qu'il allait advenir de son peuple — et d'en perdre la raison.

Voudrait-on d'autres preuves de ce qui vient d'être avancé, il suffirait de reprendre ses Mémoires, et trois exemples, entre cent autres, nous convaincraient, bien qu'ils n'aient pas exactement la même signification.

Le premier souligne son extrême impressionnabilité et sa rébellion quasi viscérale devant toute espèce de tyrannie et de violence.

La sœur d'Édith, Frieda, qui venait de lire en classe la *Marie Stuart* de Schiller, alla voir jouer la pièce avec leur mère. Or, on en avait tellement parlé à la maison que la petite Édith, alors âgée de cinq ans, en perdit le sommeil : « Pendant qu'elles étaient toutes les deux au théâtre, mes hallucinations fiévreuses me saisirent et je criais en répétant dans un état de grande excitation : « Coupe donc la tête d'Élisabeth ! » Je me souviens encore combien je restai longtemps sous le coup de cette impression. »[5]

5. *Vie d'une famille juive*, p. 88.

De cet épisode, se déduit aisément que « la pierre », « le roc » (*der Stein*) que l'on se figure volontiers que deviendrait naturellement Édith Stein, n'en serait pas moins toujours un peu fissuré (e) et que sa capacité de résistance demanderait à être fortifiée en puisant dans des ressources autres que seulement psychologiques.

Le deuxième exemple, d'une tonalité différente, ne manque pas non plus d'intérêt.

Cette fois, nous sommes en présence d'une adolescente étourdie par ses succès scolaires. Ce qu'elle aimait avant tout, c'était vaincre les difficultés : « J'éprouvais une sorte de plaisir sportif à atteindre un objectif apparemment impossible. » Par exemple, lorsqu'elle avait résolu un problème de mathématiques, elle sifflait « quelques notes en hymne de triomphe. »[6] Et d'avouer : « On me reprochait d'être orgueilleuse (à fort juste titre). »[7]

Orgueilleuse, oui, elle l'était, rêvant de gloire et de notoriété : « J'étais convaincue que j'étais destinée à quelque chose de grand et que je n'appartenais pas du tout à ce milieu étroit et bourgeois dans lequel j'étais née. »[8]

La remarque renvoie de la crise d'adolescence une image bien connue de tous les parents et

6. p.182.
7. p. 166.
8. p. 190-191.

éducateurs, et surtout elle offre l'occasion de nous interdire de nous représenter les saints naissant avec une auréole sur la tête. Plus tard, Édith reviendra sur sa propension à la plus haute estime d'elle-même — encouragée par ses professeurs —, ses jugements à l'emporte-pièce et ses ironies : en un mot sur sa façon d'être et de vivre, avant sa conversion et même après.

Sa façon d'être et de vivre

Travailler de six heures à minuit en oubliant de manger et de dormir, au milieu d'une quantité volumineuse de lettres à écrire, d'élèves à recevoir ; assurer son travail professionnel à Spire en Rhénanie-Palatinat, où elle enseigna la littérature, l'histoire et la philosophie pendant huit ans ; multiplier amitiés et relations ; accepter toutes les tournées de conférences en Allemagne et à l'étranger, dont deux fois en France à Juvisy où elle avait été invitée à participer aux réunions de la Société thomiste intéressée par les confrontations entre le thomisme — la philosophie chrétienne de l'époque — et la phénoménologie allemande, novatrice à plus d'un titre .[9] Bref, elle était débordée et réussissait en tout, ce qui

9. La Société thomiste, présidée par le père Chenu, avait pour vice-président Jacques Maritain qui deviendra un grand ami d'Édith Stein. Sa femme Raïssa et lui même l'invitèrent deux fois dans leur propriété de Meudon en 1932 et 1933, et gardèrent d'elle un souvenir lumineux.

n'allait pas sans sentiment d'orgueil, mais un orgueil dont, cette fois, elle avait conscience.

De là, sa manière de raisonner

Il n'est pas impossible qu'elle ait pensé à elle lorsqu'elle écrivait dans *Être fini et Être éternel. Essai d'une atteinte du sens de l'être*[10], qu'il peut arriver « qu'un esprit indépendant, hardi, curieux de s'instruire, se conduise à l'égard d'autres hommes à la manière d'un conquérant » et se laisse « arrêter par ses connaissances, sa position personnelle, sa force et sa manière d'être. »[11] Édith pensait sûrement à elle ! Mais il faut savoir qu'à l'époque de ce texte, elle avait déjà expérimenté que dans ce « fond sombre » de la vie psychique et sensible où interagissent les sens et les affects, la lumière divine pénètre, sollicitant une réponse transformante de celui à qui Dieu s'adresse, dans le secret.

Le troisième exemple est certainement le plus caractéristique de ce qui se passait, sans que personne de son entourage en sût rien, au fond d'Édith Stein, maintenant jeune adulte.

Nous sommes à Göttingen, en 1916. Édith vient de réussir brillamment l'examen clôturant ses études supérieures, et elle s'était attaquée à sa thèse de doctorat sur *Le problème de l'Einfühlung*, (intraduisible,

10. Énorme ouvrage rédigé en 1932-1933, publié en 1972 par les éditions Nauwelaerts et traduit la même année.

11. p. 441.

ce mot signifie globalement « intuition ») et la voilà qui se désespère de ne pouvoir sortir du labyrinthe de sa pensée : « C'était la première fois que je me trouvais devant quelque chose dont je ne pouvais venir à bout par ma seule volonté. [...] Je me disais souvent que c'était complètement absurde. [...] Mais tous les raisonnements ne m'étaient d'aucun secours. Je ne pouvais plus traverser la rue sans souhaiter qu'une voiture m'écrase. Et si je faisais une excursion, je me mettais à espérer tomber dans un précipice et ne pas en sortir vivante. »[12]

Peut-on penser que c'est le désarroi où elle se trouvait alors qui la fit se décider à abandonner sa thèse pour s'engager dans la Croix-Rouge comme aide-soignante ? Dans un état de tension extrême, estimant qu'elle n'avait plus de vie à elle qui valût d'être vécue, elle propose ses services à qui-de-droit, est agréée et juge que « quand la guerre sera finie, si [elle] est encore vivante, [elle pourra] se remettre à ses affaires personnelles. »[13] Elle fut ainsi envoyée en Moravie dans un lazaret de soldats allemands et autrichiens atteints du typhus et du choléra, où elle aurait pu mourir. Édith ne le dit pas. Elle se souvient seulement d'avoir été décorée de la médaille de la bravoure, ainsi qu'elle le confia à la Supérieure du

12. *Vie d'une famille juive*, p. 327.

13. p. 350.

carmel de Cologne, Mère Teresia Renata...Sans doute avait-elle aussi voulu s'engager aux côtés de ses amis mobilisés.

Le féminisme, qu'on aurait tort de négliger chez Édith Stein, bien qu'il soit très marqué par son époque (nous aurons l'occasion d'en reparler), n'est pas le moindre trait de cette personnalité libre qui ne s'embarrassait pas des préjugés de son temps. Des préjugés qui auront la vie dure et imposeront l'image sexuée des rôles masculins et féminins, ancrée dans tous les esprits depuis l'origine de l'humanité à travers son développement, de conquêtes guerrières en conquêtes guerrières, au milieu de découvertes et de créations artistiques extraordinaires. Les hommes étant censés servir le Comté, le Royaume ou l'État républicain, par la guerre, la politique, la puissance et la culture ; les femmes, servir le bien de leur famille par l'éducation des enfants, le champ domestique et «le repos du guerrier».

Pour en revenir à l'immense famille d'Édith Stein—vraie «tribu» juive selon la plus parfaite tradition, regroupée au rythme des grandes fêtes religieuses auxquelles ne serait venue à personne l'idée de ne pas participer—, on peut dire qu'elle aussi était aussi peu conventionnelle que possible.

Rares en effet ceux qui s'embarrassaient de préjugés. Que d'oncles et de tantes, de cousins et de cousines, d'amis, de familiers agrégés au groupe, comiques ou insupportables, bavards agités ou timides circonspects, rivalisant de ce fameux humour juif, qu'Édith revoit avec émotion ! Et ses amies très chères, Lilli Platau et Rose Guttmann, leurs pique-niques en forêt, les tartes aux pommes avec de la crème Chantilly, et les danses, les jeux, les plaisanteries, la connivence entre frères et sœurs. Quand Erna, par exemple, épouse un dénommé Hans Biberstein, Édith se souvient d'un jeu de mots à leur sujet : Erna + Biber Stein. Or *Biber* signifie castor…

On imagine la religieuse dans sa cellule, souriant encore en revoyant ces scènes et ces visages, peut-être maintenant avec un peu de mélancolie, ne serait-ce que parce qu'elle resta jusqu'au bout profondément humaine et vulnérable, débordant d'amour et de tendresse au plus scellé du secret de son cœur.

Il serait donc absurde de statufier Édith Stein. La *Vie d'une famille juive* nous la montre au contraire, telle qu'elle était, c'est-à-dire : d'une part, pleine de vitalité, sportive pratiquant le tennis, la luge, le canotage, les grandes randonnées sur les rives de l'Oder près de Breslau, sa ville natale en Basse-Silésie, ou en Forêt-Noire quand elle était à Fribourg, avec des marches records de quarante kilomètres par jour ! Elle aimait non seulement la nature, un peu sauvage, les arbres, les oiseaux, les fleurs, mais aussi chanter, danser, savourer avec délices le vin du Rhin et de Moselle quand elle était à Göttingen, au milieu d'amis philosophes avec lesquels elle discutait à perte de vue, d'autre part, toujours menacée de crises d'angoisse, qu'elle gardait par-devers elle. « Secretum meum mihi ».

Je pourrais multiplier les anecdotes pittoresques qui constituent la trame de ces souvenirs au long de plus de 500 pages. Mais ce n'est pas indispensable. Le lecteur a senti ou sait déjà qu'Édith Stein était à la fois quelqu'un de complexe et de simple, de spontané et de réservé, d'original et de classique, de libre et de pas tout à fait libre, qui dut toute sa vie lutter contre elle-même, et qui a lutté, non seulement parce qu'elle se savait appelée à une destinée difficile où elle devrait engager le tout de ses forces, de sa pensée et de ses rêves — elle en eut des rêves de justice… — mais aussi parce qu'elle était une femme lucide et une résistante née, engagée dans l'Histoire par la force des choses et par exigence morale. Quelqu'un, en définitive, qui, comme les plus grands de ce temps-là, revenus, eux, par chance et grâce à leur « résilience », témoignerait.

Témoigner

Le témoignage fait partie de la culture de tous les peuples et de tous les groupes humains persécutés. Chants des esclaves, dessins et récits des survivants des camps nazis et des goulags, tous constituent un patrimoine inestimable.

Compte tenu de leur histoire si souvent tragique, les Juifs occupent une place à part au milieu des représentants les plus éminents du témoignage, témoignage devenu chez eux au fil du temps un véritable genre littéraire. Les plus anciens témoignages écrits datent du XVII^{è} siècle. Il s'agit toujours de raconter l'histoire de sa famille en remontant le plus loin possible, afin de faire valoir la dignité de cette famille et rappeler les persécutions auxquelles elle fut soumise, sans autre raison que la haine raciale, dont l'origine se perd dans la nuit des temps.

C'est certainement l'historienne de Princeton, Nathalie Zemon Davis, qui a le mieux expliqué ce phénomène d'obligation morale du témoignage. Elle montre dans *Juive, Catholique, Protestante. Trois femmes en marge au XVII^{è} siècle*,[14] que les Juifs qui ont rédigé des autobiographies complètes ou fragmentaires sont d'une part, beaucoup plus nombreux qu'on ne le croyait, de l'autre, que ces autobiogra-

14. Harvard, University Press, 1995, en français, Le Seuil, collection La librairie du XX^{è} siècle, 1997.

phies constituent un vrai « testament éthique », légué aux enfants ou faute d'enfants aux frères et sœurs, d'une exceptionnelle importance pour la pérennité du nom de la famille et pour que ne se perdent ni la mémoire des souffrances endurées, ni celle du courage manifesté, ni celle du secours reçu de Dieu.

Édith Stein s'inscrit dans cette tradition. Dans l'Avant-propos à la *Vie d'une famille juive*, rédigé dès 1933, elle explique pourquoi elle a voulu écrire pour témoigner à travers l'histoire de sa famille de l'authentique réalité juive, contre les idées reçues et caricaturales véhiculées par la propagande nazie : « Nous qui avons grandi dans le judaïsme, nous avons le devoir de porter témoignage. Ce que je veux écrire dans ces pages ne prétend pas être une apologie du judaïsme. [...] Je veux seulement décrire en toute simplicité mon expérience vécue de ce qu'est être juif ; un témoignage parmi d'autres, déjà publiés ou à paraître : il veut renseigner celui qui a à cœur de s'informer impartialement à partir des sources. » Trois fois, le verbe « vouloir » souligne combien ce livre, le plus personnel, le plus transparent, le plus sensible, répondait dans l'urgence du danger, à l'absolu d'un devoir. Et c'est cela qui donne au témoignage d'Édith Stein ses accents poignants.

Il s'agissait à l'origine d'un hommage rendu à sa mère qui, avant que l'accent ne se déplace sous le coup des événements, devait être la figure centrale du récit. Mais l'intention se modifia très vite car Augusta « ne cessait de s'indigner des événements », précise sa fille dans un texte de 1938, *Comment je suis venue au carmel.*

Est-il besoin de le dire ? Édith Stein s'indigna, elle aussi, des événements et en fut tellement horrifiée qu'elle hésita d'abord à y croire, jusqu'à ce que l'évidence implacable s'impose à elle. Elle raconte à ce sujet un épisode particulièrement bouleversant. Elle était à Münster, maître de conférences à l'Institut de pédagogie moderne théologico-philosophique, et logeait au collège Marianum. Un soir, ayant perdu ou oublié sa clé, elle ne put rentrer chez elle… C'est alors qu'un professeur de l'Institut, passant par là, l'invita à se réfugier chez lui : « Nous prîmes place dans le salon. [La conversation s'engagea] sur ce que rapportaient certains journaux américains en fait d'atrocités commises contre les juifs. C'étaient de nouvelles de source incertaine, je ne veux pas les répéter. Je veux seulement en venir à l'impression qui s'est imposée à moi ce soir-là. […] je perçus en un éclair que Dieu avait encore une fois posé lourdement sa main sur son peuple et que le destin de ce peuple était aussi le mien. »

Ce texte a suscité autant de réactions que celui sur la « malédiction » divine et nous y reviendrons quand nous réfléchirons à la judéité d'Édith Stein. Dans l'immédiat, rappelons-nous seulement quelques faits qui imprimèrent en elle d'inguérissables blessures.

Édith Stein sut ce qu'il en coûtait d'être juive et professeur : elle fut radiée de l'université de Münster ; d'être juive et de prétendre écrire : ses livres furent interdits de publication ; d'être juive et Allemande : les lois de Nuremberg en 1935, entre autres exactions, privèrent les Juifs de leur nationalité les vouant à l'émigration, première formule d'élimination avant la mise en œuvre de la Solution finale qui emporta dans l'horreur près de six millions de Juifs. Ceux qui le purent, les plus fortunés, les mieux informés, quittèrent l'Allemagne, avant d'en être systématiquement expulsés en 1938 soit, selon les sources, de 70 000 à 150 000 personnes : un quart entre 1933 et 1937, les autres en 1938 et 1939. Ce fut le cas, par exemple, d'Einstein en 1933, de Freud dont les nazis brûlèrent les livres en 1934 et qui en 1938 dut quitter Vienne, désespéré, le cas également d'un frère et de deux sœurs d'Édith Stein, qui fuirent à temps avec leur famille.

Elle aussi aurait pu partir, un poste lui ayant été offert pour sa sécurité dès 1933 en Amérique latine. Mais elle refusa.

Édith Stein avait lu *Mein Kampf*. Si elle avait déjà pu mesurer les conséquences économiques du désastre qui suivit la défaite de 1918 (réparations exorbitantes, inflation précipitée par les crises de

1923 et de 1929, effroyable taux de chômage), elle découvrit alors la doctrine implacable qui avait germé dans l'esprit de Hitler : les Juifs sont une « antirace », une « vermine », des « sous-hommes », indignes de vivre, responsables de tous les maux.

Elle connaissait aussi, pour s'être intéressée durant ses études à la psychologie et aux « sciences de l'esprit », les ressorts fantasmatiques de la haine raciale qui fonctionne à partir de l'inconscient, se manifeste en réflexes de mépris et de meurtre et a pour origine la rigidité d'un surmoi collectif pour lequel il est évident qu'existent des races supérieures et des races inférieures, fantasme surdéterminé dans des situations de crise, d'effondrement des repères éthiques et de débâcle intellectuelle.

N'oublions pas le succès des théories racistes, prétendument scientifiques, élaborées pendant le premier tiers du XIXe siècle et qui, dès 1800, avaient trouvé leur héraut allemand en la personne d'Eugen Düring, auteur de *La question juive, question de race, de mœurs et de culture.*

J'ignore si Édith Stein avait lu Düring. Mais les thèses de ce « brillant » théoricien s'étaient répandues de bouche à oreille, au moment où pullulaient les libelles contre les Juifs et où les pogroms, particulièrement en Allemagne et en Pologne, recommençaient.

Évidemment, pas plus que quiconque, elle ne

pouvait imaginer ce qu'il allait advenir. À Cologne, puis à Echt, elle tenta seulement de comprendre sous la puissance de quels facteurs un gouvernement peut à ce point dégénérer, au mépris des droits humains élémentaires.

Déjà en 1925, dans *La structure ontique de l'État*[15], elle écrivait que « Là où la loi ne prévoit aucune garantie, il n'est possible de riposter à une violation de la loi perpétrée par les gouvernants que par une autre violation de la loi commise par les sujets ou par des organes subordonnés, par exemple, sous la forme d'un refus d'obéir à des ordres illégaux. [...] le soulèvement contre un ordre établi et la recherche d'un nouvel ordre peuvent parfaitement aller dans le sens de l'État, dans la mesure où l'on vise une situation où l'État serait mieux protégé contre les violations du droit. »[16]

Dans ce fragment de texte, il s'agit d'une réflexion *in abstacto* sur les moyens de « protéger » l'État de ses dérives jusque par l'insurrection. Édith Stein rejoignait par là ce qu'avait écrit saint Thomas d'Aquin de la légitimité du tyrannicide dans certaines circonstances. Mais avec Hitler, c'est une dérive, combien *concrète*, qui s'annonçait. Aussi peut-on croire qu'au moment où elle rédigeait ses Mémoires,

15. Max Niemeyer, 1970, en français, Cerf, 1989.
16. p. 98.

Édith Stein ait rêvé d'un soulèvement contre Hitler, la tyrannie étant la pire dégradation d'un État et la pire des perversions institutionnelles et morales.

Le contexte s'y prêtait : Hitler avait juré l'anéantissement de « la race » juive. Avec le concours des plus habiles propagandistes, il exploita la grotesque affaire des « Protocoles des Sages de Sion ». À l'origine, il s'agissait d'un pamphlet dirigé contre... Napoléon III, commandé à « un faussaire de génie » par un officier de Nicolas II, « dans le but de s'attirer les faveurs du Tzar. » Son titre s'inspirait du premier congrès juif mondial réuni à Bâle en 1897. Mais l'affaire fut reprise et totalement transformée dans son sens. On l'utilisa pour faire accroire que l'Allemagne était menacée par « un complot », « une internationale juive », projetant de s'emparer de tous les ressorts du pouvoir : banques, industries, commerce, sciences.[17] Il fallait donc par tous les moyens étouffer dans l'œuf ce serpent.

Le témoignage d'Édith Stein prend tout son relief sur ce fond de terreur contre lequel elle a voulu défendre les siens en laissant pour eux un témoignage d'amour. C'est pourquoi avant de lui reprocher d'avoir « trahi » son peuple en « se réfugiant » dans un couvent à l'heure des ténèbres, il n'est pas

17. Voir sur cette question, Léon Poliakov, *Histoire de l'antisémitisme*, 1955, 1960, 1981, T2, Calmann Lévy, p. 303, 315, 336, 345, 365.

sans intérêt de lire la *Vie d'une famille juive*, un récit et un témoignage où pourraient se reconnaître tous les Juifs allemands, et tant d'autres. Édith Stein s'insurge en effet dans son Avant-propos contre « l'image caricaturale, effrayante, qui nous est renvoyée [par la propagande] comme réfléchie dans un miroir déformant », et elle défend les siens : « Dans toutes les couches sociales du peuple allemand [et pas seulement chez « les grands capitalistes » ou « les hommes de lettres »] il se trouvera des gens [pour dire que] dans les familles juives qu'ils ont fréquentées en qualité d'employés, de voisins, de camarades d'école ou d'études, ils ont trouvé bonté de cœur, compréhension, compassion chaleureuse et désir d'aider ; et leur sens de la justice se révolte à l'idée que ces personnes sont maintenant condamnées à une existence de parias. »

Avec le recul, parfois illusoire que permet l'écriture, Édith a pu penser, quelques années avant sa mort, qu'elle savait… Et pourtant elle ne savait pas ce qu'il en serait de l'horreur qui allait fondre sur les Juifs. Elle ne le savait pas, mais elle l'a sûrement pressenti. En outre, les Juifs allemands avaient ceci de particulier qui concourut à leur perte en les retenant de fuir : ils étaient plutôt bien assimilés et occupaient des places importantes dans l'université, la recherche, la médecine, l'industrie ou le commerce. S'ajoute le fait qu'ils se sont laissé abuser par la conviction que leur germanité les protégeait. Édith Stein, elle-même, ne put s'empêcher d'éprouver de la reconnaissance à l'égard de l'État prussien auquel elle devait, estimait-elle, d'avoir pu faire de si longues études, d'être devenue docteur en philosophie et d'avoir mené une brillante carrière de professeur de lycée, puis une (brève) carrière de maître de conférences, non moins brillante, à Münster. On le voit, l'existence des Juifs était impossible en Allemagne, autant, sinon plus, que dans les autres pays occupés ou sur le point de l'être, et paradoxale à l'extrême la situation de ceux qui parmi eux voulurent témoigner, puisque tout livre, tout article, écrits par un Juif, étaient interdits de publication. Disons enfin que le témoignage d'Édith Stein, comme tout témoignage, est bien sûr limité. Mais il recoupe une expérience commune et tel qu'il se présente, c'est un témoignage authentique à trois titres conformément à la tradition des œuvres testimoniales juives : il rend témoignage à Dieu, l'unique Témoin du choix d'un peuple qui serait le sien parmi les nations ; il rend témoignage à la communauté juive de Prusse ; il rend témoignage à une famille juive qui était et se voulait intensément Allemande.

Je ne veux pas dire que tout ce qui vient d'être écrit était présent à l'esprit d'Édith Stein lorsque commença son itinéraire spirituel, mais il n'est pas impossible de mettre en perspective cette problématique à la lumière de l'étrangeté dont nous avons parlé, qui place un peu à part cette femme étonnante, dotée d'une exceptionnelle envergure intellectuelle, qui sera ce grâce à quoi elle parviendra à vivre en même temps en femme libre, comme peu l'étaient à son époque, et en carmélite ardente, capable de tous les renoncements. On admire qu'un tel paradoxe unissant les contraires les plus radicaux, ait pu rencontrer en Édith Stein un témoin de l'Esprit, présent comme en sa demeure, chez une créature forte et vulnérable, à la fois.

Dans la *Vie d'une famille juive*, on découvre aussi quelques rapides confidences d'Édith Stein sur ses amours déçues de jeunesse. Comparé aux drames à venir, ce n'est pas très important, mais pourtant non négligeable, parce que ces épisodes affectifs ont le mérite d'humaniser Édith Stein, l'intellectuelle, « le cerveau » qui « planait un peu », comme l'écrit l'un de ses biographes, Bernard Molter.

Édith Stein étudia la philosophie en Basse-Saxe à Göttingen, célèbre pour son université, d'avril 1913 à mars 1916. C'est là qu'elle vécut les années les plus riches et les plus éprouvantes, avant les toutes dernières.

La Société de phénoménologie, créée autour d'Edmund Husserl, le fondateur de cette méthode d'analyse du réel, regroupait des collaborateurs du maître, tels que Adolf Reinach, Theodor Conrad, Max Scheler, et des disciples, au centre desquels Hedwig Martius, grande amie d'Édith, Roman Ingarden, Hans Lipps et Édith Stein. Ces jeunes gens vivaient sans contrainte, discutaient phénoménologie, le jour et la nuit, à table, dans la rue, partout, et nouaient entre eux amitiés et amours. Et voilà qu'Édith, qui se croyait au-dessus de toutes les servitudes et complications de l'amour, tomba amoureuse de deux de ses condisciples qui, l'un et l'autre, refusèrent de l'épouser... Peut-être leur faisait-elle peur à cause de sa carrure intellectuelle ? Peut-être avait-elle d'autres soucis que celui de séduire ? Peut-être, tout simplement, ne l'aimaient-ils pas assez !

Roman Ingarden, un jeune Polonais, Édith l'avait rencontré à Fribourg en 1916. Ils avaient des conversations très phénoménologiques et se fréquentèrent six mois. Roman, après avoir servi au début de la guerre dans la légion polonaise, avait été rapidement réformé en raison d'un problème cardiaque. De retour, et parce ce qu'il tardait à se déclarer, la passion d'Édith s'enflamma. Or un jour, Roman lui avoua qu'il allait se fiancer...

Les *Lettres à Roman Ingarden*, très nombreuses et éclairantes sur l'évolution de la pensée d'Édith

Stein, couvrent plusieurs années et ménagent, outre un intérêt philosophique, quelques confidences, rarissimes et d'autant plus précieuses, de la part d'une femme à ce point réservée. Ainsi cette lettre très révélatrice de ses sentiments : « [...] elle a laissé parlé son cœur comme jamais elle ne l'avait fait et ne le fera plus — c'est l'unique fois où elle le tutoie : «Mon bien-aimé, ce soir, je voudrais être avec toi une fois encore»... »[18]

Elle avait vingt-cinq ans, elle voulait se marier et avoir des enfants. Quoi de plus naturel ? De là, son effondrement après leur rupture : «Chaque fois que je revois ce temps passé surgit en moi l'état désespéré où je me trouvais alors fait de confusion indicible et de ténèbres.» Par ces mots, nous voyons apparaître une fois encore cette si particulière double vie qu'Édith Stein disait mener depuis sa plus tendre enfance : à l'extérieur, l'intelligence et la maîtrise des sentiments (qu'elle prétendit avoir dominés dès l'âge de sept ans...), à l'intérieur, le trouble, l'angoisse et la détresse.

Mais le coup fut plus rude avec Hans Lipps, cet autre disciple de Husserl, qu'elle aima certainement avec plus de passion. Elle l'avait rencontré avant Roman à Göttingen, au printemps 1913. Mais la guerre éclata, Hans fut mobilisé ; ils ne se revirent

18. Citation chez Bernard Molter, *Regards sur Édith Stein*, éditons de l'Église de Metz, 1990, p. 33-34.

qu'épisodiquement au cours de permissions; l'attirance qu'elle exerçait sur lui ne résista pas à ces éclipses trop souvent répétées jusqu'à la fin du conflit, et, un jour, à son tour, Hans annonça ses fiançailles à Édith... Cette fois, la blessure fut beaucoup plus profonde en dépit de la discrétion avec laquelle elle en parla à Roman dans une lettre du 29 novembre 1925, donc longtemps après: «Il faut que je vous dise que les souvenirs de Fribourg au temps où j'appris vos fiançailles ont été vaincus par des sentiments nouveaux, une histoire qui, à bien des égards, présente une analogie inquiétante avec ce que vous savez. [...] Les événements furent aussi douloureux, mais ma résistance intérieure s'était accrue, si bien que je les ai traversés avec plus de facilité et que j'y ai acquis, me semble-t-il, la liberté intérieure. À présent, je suis convaincue d'être à la place où je dois être, et je suis seulement reconnaissante d'avoir été menée sur le chemin où j'avance dans un abandon tout à fait joyeux, sans nulle trace de résignation.»[19]

La crise néanmoins semble avoir été beaucoup plus dure que ne le laisse entendre cette lettre. Sans doute, entre lesdits événement et la lettre en question y avait-il eu la nuit de feu chez les Conrad-Martius, quand Édith Stein découvrit la *Vie* de Thérèse

19. p. 35.

d'Avila dans un éblouissement qui lui fit écrire dans un opuscule non traduit, *Teresia von Jesus*: «Dès que je me mis à lire le livre, je fus saisie et je le lus d'un trait. En le refermant, je me disais: «C'est la vérité.»» Mais, en dépit de cette conversion-coup de foudre (six mois plus tard, elle était baptisée), en dépit de la vie nouvelle qui s'ouvrait devant elle et qu'elle avait embrassée avec bonheur, il lui fallut du temps avant de quitter vraiment Hans Lipps.

Des années plus tard, Hedwig Conrad-Martius—chez qui Édith passait souvent ses vacances à Bergzabern dans le Palatinat—raconta une petite histoire significative de l'état d'esprit de son amie. Édith gardait toujours sur son bureau une photo de Hans. Hedwig lui fit alors observer que ce n'était pas correct pour quelqu'un qui avait décidé de «se donner totalement à Dieu». Et la photo disparut. D'où, ce commentaire: «Je crois de façon tout à fait certaine, que cette profonde déception humaine a joué un rôle décisif dans sa conversion et son baptême et même dans le choix qu'elle fit de la vie monastique.»[20]

Peut-on croire de façon «tout à fait certaine» qu'Édith Stein ait demandé le baptême et son admission au Carmel, faute d'avoir pu épouser Hans Lipps ? On sourit un peu devant cette certitude,

20. p. 36.

indigne d'une phénoménologue aussi remarquable qu'Hedwig Conrad-Martius, luttant, comme ses confrères, contre tous les préjugés. Mais y a-t-il préjugés plus tenaces que ceux touchant aux convictions religieuses ? Hedwig, Juive convertie au protestantisme, tout en respectant le choix de son amie et en ayant même accepté d'être sa marraine le jour de son baptême — ce qui mériterait un bel hommage au curé de la paroisse de Bergzabern, à cette époque surtout — ne pouvait que difficilement comprendre la volonté d'Édith de devenir religieuse, qui plus est, au moment dramatique que nous savons. Autant comme juive que comme protestante, mais pour des raisons différentes, elle resta étrangère au « secret » d'Édith Stein, du moins jusqu'à ce qu'elle apprenne les conditions de sa fin et puisse son œuvre. Elle écrira alors un témoignage émouvant sur celle qu'elle appelle *Meine Freundin Edith Stein* (mon amie Édith Stein).

Édith, de son côté, a expliqué « Comment [elle était] venue au carmel », dans le texte cité ci-dessus rédigé au carmel de Cologne le 18 décembre 1938, en avançant trois raisons.

Premièrement : la prise de conscience de la catastrophe imminente dont elle eut le pressentiment chez ces amis qui l'accueillirent, un soir, dans leur maison.

Deuxièmement : son désir, un peu fou, de se

rendre à Rome pour supplier le pape Pie XI d'intervenir en faveur des Juifs. C'est dans ce contexte que, partie consulter son guide spirituel, dom Rafael Walzer, abbé de l'abbaye bénédictine de Beuron sur le Haut-Danube, elle s'arrêta au carmel de Cologne pour participer à la prière de «l'heure sainte». Et là, se produisit un événement banal, dans lequel pourtant elle reconnut un signe de Dieu.

Elle ne parvenait pas à prêter attention aux paroles du célébrant… «J'étais occupée par quelque chose de plus profond encore. Je parlais avec le Sauveur et lui dis que je savais que c'était sa croix dont était maintenant chargé le peuple juif. La plupart ne le comprendraient pas; mais ceux qui le comprendraient devraient la prendre sur eux de plein gré au nom de tous. Je voulais le faire, il devait seulement me montrer comment. Lorsque le temps de la prière toucha à sa fin, j'avais la certitude d'avoir été exaucée. Mais en quoi devait consister ce portement de croix, je ne le savais pas encore.»[21]

Néanmoins, elle adressa une lettre au pape en 1933, peu avant son entrée au Carmel, lui demandant comme une grâce, de publier une encyclique contre l'antisémitisme. Pie XI ne lui répondit pas, se contentant de lui envoyer sa bénédiction pour elle et sa famille. Mais peut-être garda-t-il cette lettre

21. Appendice à *Vie d'une famille juive*, p. 492.

en mémoire, parmi d'autres interventions, car il avait prévu de prononcer un discours, le 11 février 1937 — il mourut le 10 — dans lequel il protestait contre la violation du Concordat par les lois raciales.

Il y eut bien pourtant une encyclique, datée du 14 mars 1937, *Mit brennender Sorge*, (avec un brûlant souci) rédigée avec trois autres cardinaux, par le futur Pie XII, alors secrétaire d'État de Pie XI. Mais cette encyclique, tout en dénonçant — au plan doctrinal — trois hérésies : le culte de « la race », de « la nation » et de « la totalité » — évitait, pour des raisons diplomatiques, de nommer le régime national-socialiste… Et les nazis ne s'y sont pas trompés, qui réagirent violemment, en particulier Goebbels, par une campagne de diffamation du clergé catholique. Réaction prévisible qui devait conduire les évêques allemands à inciter Pie XII, élu pape le 2 mars 1939, à la plus grande prudence — par souci pastoral.

Troisièmement : sa radiation de l'université de Münster, telle que la lui signifia, navré, un enseignant qui remplaçait le directeur en vacances en Grèce : « J'accueillis la nouvelle très calmement. […] « Si cela ne va plus ici, dis-je, il n'y a plus la moindre possibilité pour moi en Allemagne. » Le remplaçant du directeur exprima son admiration devant ma clairvoyance, alors que je vivais si retirée et ne m'occupais pas des affaires de ce monde.»[22]

Ces derniers mots ne peuvent se prendre pour argent comptant, Édith Stein, quoi qu'elle en dise, n'ayant jamais vécu «si retirée des affaires de ce monde», ni à ce moment-là, ni même lorsqu'elle sera au Carmel, où ses Supérieures l'autoriseront à recevoir sa famille, quelques amis et d'anciennes étudiantes venues lui demander conseil—qui la tiendront informée de ce qui se passait à l'extérieur.

Du reste, déjà dans une lettre de 1928, elle expliquait que si elle avait longtemps pensé que «mener une vie religieuse signifiait renoncer à tout ce qui est terrestre pour ne plus vivre qu'en pensant aux choses divines», elle ajoutait: «Mais peu à peu j'ai compris que c'est bien autre chose qui est exigé de nous et que même dans la vie la plus contemplative le lien avec le monde ne doit pas être rompu. Je vais même jusqu'à croire que plus on est *attiré* en Dieu, plus on doit en ce sens *sortir de soi*, c'est-à-dire s'offrir au monde, pour y porter la vie divine.»[23]

C'était donc un abandon radical qui lui était désormais demandé, abandon auquel elle consenti-

22. «Comment je suis venue au carmel», *Vie d'une famille juive*, p. 494.

23. «Autoportrait à travers les lettres», *Dans la puissance de la Croix*, extraits de lettres réunis et présentés par Waltraud Herbstrith, Herder, 1980, en français, Nouvelle Cité, 1982, p.47. (Édith Stein multiplie les surlignements dans ses textes).

rait dans « la sécheresse et le vide », ainsi que tout à la fin de sa vie elle l'écrira dans *La Science de la Croix*, ce livre inachevé, ardu, aride, presque technique, vaste commentaire de saint Jean de la Croix, auquel elle travaillait encore quand une voiture de la Gestapo s'arrêta devant la porte du monastère.

Et jamais peut-être, comme à ces derniers instants dramatiques, Édith Stein n'avait été plus libre, elle, dont toute la vie fut recherche de liberté pour elle-même et pour les autres, dont la philosophie est philosophie de la liberté et dont le secret le plus profondément scellé dans le silence du cloître, est celui d'une liberté reçue de Dieu, qui sera sa force et sa lumière aux jours de ténèbres. Elle n'oubliait ni Hans, ni Roman, ni aucun de ses amis, ni personne de sa famille et surtout pas sa mère qui souffrit tellement de son apparent abandon. Mais elle suivait l'unique chemin à sa mesure, celui de la liberté la plus totale et la plus paradoxale, une liberté précisément appuyée sur cette *Einfühlung* qui est clairvoyance, empathie, compréhension de l'autre, intuition de la réalité au-delà de l'apparence et sensibilité spirituelle, autant de données vérifiées dans l'expérience, sur lesquelles se sont greffés le sens aigu qu'elle eut de la liberté, et en conséquence, celui de la personne, créée libre à l'image et ressemblance de Dieu.

II

Présent du passé, présent du présent, présent du futur

Philosophie de la liberté

> « Il appartient à l'âme de décider d'elle-même. Le grand mystère que constitue la liberté de la personne, c'est que Dieu Lui-même s'arrête devant elle. »[1]

Entre tant d'autres choses, ce qui est fascinant chez Édith Stein, c'est l'accent extraordinaire qu'elle porte sur la liberté, dans pratiquement tous ses livres et à tous les moments de sa vie. Comme si, dans le Présent éternel de Dieu, passé et futur étaient les deux visages du même temps. Saint Augustin du reste l'avait écrit dans ses *Confessions*, l'un des livres lus et relus par Édith Stein : « Ce qui m'apparaît maintenant avec la clarté de l'évidence, c'est que ni

1. *La Science de la Croix*, 1941-1942, Nauwelaerts, Louvain / Paris, Béatrice-Nauwelaerts, 1957, p. 180

l'avenir, ni le passé n'existent. Ce n'est pas user de termes propres que de dire : « Il y a trois temps : le passé, le présent et l'avenir. » Peut-être dirait-on plus justement : « Il y a trois temps : le présent du passé, le présent du présent, le présent du futur »[2], ces trois visages du temps n'en faisant qu'un, puisque le temps « n'est pas » dans le mouvement. Il « est » en lui-même, comme créature voulue par Dieu.

Peut-être, Édith Stein connaissait-elle par cœur ces paroles qui permettent de comprendre pourquoi elle s'est attachée à dire et redire que la liberté était le tout de l'aventure humaine, parce qu'elle y a vu la traduction dans le présent de l'éternelle liberté de Dieu. De là, sa revendication personnelle d'autonomie, et ses pages multiples et passionnées sur la liberté de l'homme et l'indépendance du monde.

L'autonomie de la personne

« Ne te laisse pas influencer ; fais donc ce que toi tu considères comme bien. »

Cette incitation s'adressait à Erna, la sœur la plus proche d'Édith par l'âge et par le cœur, alors que

2. Garnier- Flammarion, p. 267.

celle-ci hésitait sur le choix de ses études, fortement incitée par leur oncle, médecin, à suivre son exemple. Ce que fit du reste Erna et à bon droit, puisqu'elle devint une gynécologue reconnue pour sa compétence et son humanité. Mais, l'oncle David, un frère de Mme Stein, ignorait à quelle résistance il allait se heurter, en renouvelant un peu plus tard son invitation et ses conseils à Édith : « J'acceptai avec joie et reconnaissance, mais j'ajoutai que mon choix de carrière était arrêté et n'était plus à discuter. Devant cette déclaration, mon oncle déposa les armes. »[3]

Ce n'était pas la première fois qu'Édith manifestait son libre arbitre. N'avait-elle pas décidé, à treize ans et demi, d'abandonner ses études parce qu'elle s'ennuyait mortellement en classe ? Personne ne broncha. Et on l'envoya à Hambourg chez sa sœur Else, aux enfants de laquelle il fut entendu qu'elle servirait de nurse. Édith adorait les petits enfants, mais se révéla très tôt d'une remarquable maladresse domestique, devenue légendaire. De sorte que, passés les dix premiers mois, sa sœur la renvoyait à Breslau.

Réfléchissant vingt ans après à cette expérience qui lui donna surtout le désir de retourner au lycée — où elle ne s'ennuiera plus, passionnée par la littérature allemande et les langues modernes, dont

3. *Vie d'une famille juive*, p.76.

le français qu'elle parlait couramment, et anciennes, surtout le latin—elle nous donne la clé de sa rupture avec la tradition familiale: elle venait d'abandonner ses rêves d'enfant, s'affirmait autonome et donc indépendante de toute autorité familiale.[4] Au même moment, elle décrétait ne plus croire et décidait de ne plus prier.

Cette revendication farouche d'autonomie, pour elle d'abord, devait avoir des répercussions sur ses élèves et auditeurs—instruits par le professeur et la conférencière, Édith Stein—qui ne tarderont pas à la découvrir, sinon féministe au sens moderne du mot, du moins tissée d'un assortiment curieux de traditions et de nouveautés.

Elle fut donc professeur pendant huit ans à Spire, au lycée des dominicaines qui la chargèrent de l'éducation de futures femmes allemandes. Dans ses cours de morale, Édith Stein développait des thèses globalement convenues. La «destinée de la femme» tenait à ces titres coutumiers: épouse et mère ou religieuse (les religieuses venaient surtout de milieux bourgeois), ou paysanne, doublant dans les champs sa charge de travail familial, ou ouvrière, combien exploitée: des maux, connus d'Édith Stein, mais dont les élèves (la jeunesse des villes) ne comptaient ni paysannes ni ouvrières.

4. p. 75-76.

À l'époque, l'Allemagne connaissait les immenses difficultés économiques qui accompagnèrent et suivirent la Première Guerre mondiale, contexte peu propice à la libération du carcan enserrant les femmes, dont il faut bien dire que tout le monde, femmes comprises, s'accommodait.

Un mot sur le travail féminin et particulièrement en usine.

Pendant la guerre, les conditions des ouvrières sont plus que précaires, non seulement à cause de leurs salaires dérisoires, des douze heures par jour ou par nuit qu'elles doivent assurer, mais aussi parce que, en raison de la pénurie de main-d'œuvre masculine, les femmes qui furent employées dans l'industrie, la métallurgie, l'électricité ou la chimie, « se virent en même temps dépossédées de leur travail traditionnel à domicile, reconverti dans la production de guerre. Les couturières de la Forêt-Noire fabriquent des munitions, les corsetières des toiles de tente et des boîtes à biscuits, d'autres, [...] des sacs, des masques à gaz, des chaussures ou des uniformes complets. »[5] De telle sorte que, après la guerre, la misère générale s'installant, il ne resta plus aux femmes qu'à faire des enfants, sans même être sûres de pouvoir les nourrir. Quant à leurs maris, écrasés sous la chape de plomb du chômage, ils n'étaient guère prêts à céder leur

5. Georges Duby et Michelle Perrot, *Histoire des femmes en Occident. Le XXe siècle*, Plon, 1992, p. 96.

place à leurs compagnes dans quelque emploi que ce fût. Les stigmates de la guerre, le manque de travail et le discrédit qui pèse toujours sur les vaincus n'étaient que rarement susceptibles de renouer dans le bonheur les retrouvailles familiales.

Édith Stein se situa devant ces problèmes en philosophe moraliste.

Il serait absurde, estime-t-elle de confiner les femmes à la maison surtout dans les temps de malheur : « Les peuples d'Europe, qui dans la guerre mondiale ont combattu les uns contre les autres à la vie et à la mort, sont tombés ensemble et chez eux tous les dures réalités de la misère, font naître l'idée qu'ils ne pourront s'en sortir qu'ensemble. [...] Que ce soit une question qui concerne les femmes, cela est clair comme le jour. Si c'est la vocation de la femme de protéger la vie, de maintenir l'union de la famille, il n'est pas indifférent pour elle de savoir si la vie des États et des peuples prend des formes qui rendent possible la prospérité des familles et ouvrent un avenir à la jeunesse, ou s'il n'en est rien. »[6] Ce texte marque un progrès sensible par rapport au modèle archaïque dominant qui reléguait les femmes à la sphère domestique et privée en les coupant du domaine public, même celles qui travaillaient à l'extérieur. Édith Stein n'était donc pas

6. Citation chez Waltraud Herbstrith, *Le vrai visage d'Édith Stein,* plusieurs éditions. En français, par exemple, celle de 1997, Présence du Carmel, p. 110.

très éloignée des féministes de son époque qui revendiquaient déjà la parité entre hommes et femmes, sans exclusive d'aucun métier, d'autant que c'est sur le lieu de travail que se nouent des relations autres que familiales et que se prennent les engagements sociaux et politiques les plus importants pour l'intérêt commun.

Aussi peut-on dire qu'Édith Stein, sans avoir été une militante, à proprement parler, ne se détachait pas moins du conventionnel de son temps. Ajoutons que durant ses études à l'université de Breslau, elle avait pris une part active à la lutte des femmes pour l'obtention du droit de vote et que, dans ce but, elle s'était inscrite à une organisation prussienne de combat où se retrouvaient des militants d'obédience principalement socialiste. Si en Allemagne, les droits politiques, parmi ceux-ci le droit de vote, sont octroyés aux femmes le 30 novembre 1918 par décret du Conseil des représentants du peuple, alors que se creuse le fossé entre le parti social-démocrate et les spartakistes partisans de la lutte des classes et de l'action révolutionnaire, le suffrage féminin « apparaît [aux spartakistes] comme un des moyens mis en œuvre par les libéraux et les socialistes pour empêcher une révolution prolétarienne et stabiliser la démocratie après la chute des régimes impériaux. »[7]

7. *Histoire des femmes en Occident*, p. 133.

Édith Stein se situe dans le courant libéral, politiquement plutôt conservateur.

Pourtant, on ne peut douter de l'intérêt de son enseignement général qui dut plaire à plus d'une de ses élèves, puisqu'il comportait, outre une réflexion de type historico-politique — ce qui était loin d'aller de soi à ce moment-là —, une incitation à pratiquer le sport, à fréquenter les théâtres, à discuter librement et incluait l'éducation sexuelle — ce qui était alors très rare. Cet enseignement donc portait sur deux points essentiels : connaître l'histoire, fond culturel de tout être humain, la littérature et la philosophie, sources inépuisables de l'imagination créatrice et de la pensée, et connaître son corps, le fonctionnement de son esprit, exercer sa sensibilité artistique par la visite assidue des musées et à travers les relations à autrui. De cette façon, Édith Stein dessinait les traits de « la » femme dans son équilibre physique, son intelligence, son aptitude à la réflexion personnelle et son empathie, en tant que possibilité de se mettre à la place de l'autre pour le comprendre.

Par la suite, durant les années qui préludèrent à la Shoah, Édith Stein, optant pour la démocratie, s'engagea quelque temps, sans enthousiasme, au jeune parti démocratique, car elle espérait qu'avec d'autres formations, il serait susceptible d'éclairer les consciences obnubilées par les promesses hitlériennes de prospérité et de revanche.

« J'aime le réel, le réel précis de l'âme humaine, celle de chaque homme en particulier et celle des peuples. [...] J'aime pareillement les idéaux, en tant que guides de nos vies. »[8] Les idéaux... Où se réfugièrent-ils pendant les crises de 1923 et de 1929 ? Chez les sociaux-démocrates ? Les socialistes ? Les communistes ? Les chrétiens ? Mais la question juive n'était pas leur première préoccupation, par ignorance, indifférence, anesthésie mentale, racisme latent et à cause aussi de la ruine économique. Et qu'est-il advenu des idéaux et des hommes avec Hitler ?

Il va sans dire que la réaction d'Édith Stein à ce sujet ne pouvait être que celle d'une résistante — ce qui n'était pas si courant à ce moment-là —, d'autant qu'un certain nombre de Juifs allemands étaient si bien assimilés qu'ils virent trop tard se profiler l'ombre de la Bête (Brecht), en raison d'un aveuglement redoublé par ce sens de la discipline, que l'on dit propre au peule allemand. Mais Édith Stein, elle, se montra plus clairvoyante que beaucoup de ses coreligionnaires juifs et catholiques. C'est ainsi que lors du référendum du 9 avril 1938, elle incita

8. Citation chez Bernard Molter, *Regards sur Édith Stein,* p. 40.

avec la dernière vigueur ses sœurs carmélites à voter NON. On l'admirera d'avoir eu un tel courage et une telle lucidité, à l'heure où la plupart de ses compagnes estimaient que « le résultat étant connu d'avance, mieux valait voter pour Hitler que s'attirer des ennuis. [...] Sœur Benedicta s'éleva avec force contre cette conception, rapporta la Supérieure. On n'aurait pu la reconnaître. [...] Elle n'arrêtait pas de conjurer ses sœurs de ne pas voter pour Hitler, quelles qu'en puissent être les conséquences individuelles et communautaires. C'était un ennemi de Dieu et il entraînait avec lui l'Allemagne vers la perdition. »[9]

Par ses paroles et son comportement, Édith Stein s'inscrivait dans la lignée de ceux qui, au nom de la dignité de leur patrie et de leur propre dignité, fût-ce en exposant les leurs à des représailles, ont dit non à la barbarie, fait sauter des trains, attaqué des convois et des lieux de torture. Édith Stein était une carmélite qui vécut avant le Concile Vatican II. Et elle ne répond guère à l'image que l'on peut se faire d'une religieuse cloîtrée de ce temps-là...

Sans doute, sur bien des sujets, par exemple de morale familiale et de politique, était-elle « classique ». Mais, étant donné son milieu libéral, l'exemple d'une mère adorée, son rêve de mariage, il

9. Citation chez Cécile Rastoin, *Édith Stein et le mystère d'Israël*, Ad Solem, 1998, p. 52-53.

n'y a là rien que de normal. Cependant, « classique », elle ne le fut pas autant que cela, en particulier — ce qui surprend énormément — à propos de deux points relatifs à la religion catholique.

En effet, contre toute attente, elle amorça (premier point) et développa (second point) des thèses d'une audace inouïe sur le sacerdoce féminin et sur Marie, la mère de Jésus.

Le sacerdoce féminin.

« Du point de vue dogmatique, rien ne semble empêcher l'Église d'introduire une telle nouveauté incroyable. Est-ce que cela s'imposera pratiquement ? Il y a des motifs pour et contre… »

À vrai dire, on ne trouve pas grand-chose de plus ! Je n'ai vu qu'une fois, en note, ces phrases extraites du tome V des œuvres complètes et citées par Bernard Molter[10], une note explicitant un mot de la première conférence faite par Édith Stein en 1928 à Ludwigshafen (Rhénanie- Palatinat) : la « spécificité » féminine, qu'elle mettait en valeur en élargissant ses implications à des domaines jusque

10. *Regards sur Édith Stein*, p. 61.

là réservés aux hommes, comme la recherche scientifique ou la philosophie et, de façon implicite, le sacerdoce. Libre à chacun d'imaginer ce qu'elle pouvait penser *in petto*…

Et nous, que disons-nous aujourd'hui ?

Même s'il n'y a pas de « motifs dogmatiques » au refus d'ordonner des femmes, les motifs scripturaires ne manquent pas, à commencer par le plus important — Jésus n'a appelé que des hommes comme apôtres — et plus encore psychologiques, sociologiques et disciplinaires. Certains vont même jusqu'à dire que si l'Église consentait à « une telle nouveauté incroyable », elle ouvrirait la porte à un schisme.

Après plus de soixante ans de protestations murmurées ou très âpres lors de crises ponctuelles, cette question aujourd'hui est toujours verrouillée. Le lecteur peut se référer, par exemple, à l'Exhortation apostolique du pape Jean-Paul II, *Fideles laïci*, du 30 décembre 1988 (chapitre IV, paragraphe 49), beaucoup plus radicale que ne l'avait été le Discours de Paul VI du 18 avril 1975 au Comité pour l'Année internationale de la Femme, qui ouvrait une sorte de brèche, en valorisant, comme jamais peut-être, le rôle des femmes dont « le témoignage », tout différent qu'il soit de celui des Apôtres, qui « fonde l'Église, [...] contribue grandement à nourrir la foi des communautés chrétiennes. »

Ajoutons qu'à trois reprises, particulièrement marquantes dans le contexte américain de contestation des années 1980, Jean-Paul II refusant toute discussion, a rappelé que « Marie [était] le modèle de la femme dans l'Église, et que la position du Magistère à propos de l'ordination de femmes [devait] être considérée comme définitive par tous les fidèles de l'Église. » Plus tard, dans une Lettre du 18 novembre 1995, *Ordinatio sacerdotalis*, le cardinal Ratzinger, actuellement Benoît XVI, alors préfet de la Congrégation pour la doctrine de la foi, renchérissait, en soulignant que ladite position, « constamment conservée et appliquée dans la tradition [constituait] une doctrine proposée infailliblement par l'Église. »

Mais pourtant, quand on sait que l'infaillibilité pontificale n'est engagée que de façon rarissime et uniquement pour des questions visant « l'objet de credo », donc la foi et la morale, on est tenté de penser qu'il ne s'agit là que d'un « pseudo dogme », voulu tel pour faire taire toute contestation et donc de quelque chose de « provisoirement définitif », ainsi que le relevait non sans humour un ami théologien. Que de principes « définitifs » dans l'Église, ne se sont-ils pas avérés au fil des siècles, responsables de comportements scandaleux, parmi lesquels le mépris de la Femme, du Noir et du Juif, pour ne citer que ceux qui ont laissé les traces les plus profondes et les plus douloureuses…

C'est pourquoi, bien qu'Édith Stein fût une femme de son temps, je ne le répéterai jamais assez, il est difficile de penser qu'elle ait faite sienne la position de l'Église en matière de dogmes. Dans son livre très dense, très bref (75 pages) et dont le titre est long et compliqué, *La structure ontique de la personne et sa problématique épistémologique*[11], Édith Stein, en traitant de la personne dans sa structure fondamentale de sujet créé libre à l'image et ressemblance de Dieu, en vient à réfléchir à l'Église-Institution en quelques pages remarquables de liberté et de nouveauté. Elle s'est notamment intéressée aux dogmes sous un angle assez inattendu, affirmant que l'on peut se faire du dogme « une image trompeuse » en s'en remettant « à la foi des autorités humaines. *On croit* parce que l'on *a appris ainsi*. Tel homme peut s'en tenir au dogme sans être croyant, c'est-à-dire sans avoir jamais effectué l'acte religieux fondamental qui réunit la connaissance, l'amour et l'action, et sans non plus en vivre. […] Ses *œuvres* peuvent être

11. Fribourg, éditions universitaires, 1970, en français sous le titre *De la personne*, Cerf, 1992.

tout à fait correctes, mais elles ne sont pas faites au nom de la volonté divine, et donc elles ne peuvent pas plaire à Dieu. »[12]

La distinction entre la foi, qui implique la connaissance réfléchie (la raison), l'amour et l'action (un comportement cohérent) et la soumission à « des autorités humaines », est ici nettement marquée. Il semble bien alors que n'aille nullement de soi l'obéissance — entendons l'observance aveugle des lois et autres principes — tandis que, à l'inverse, l'obéissance à la volonté de Dieu n'est pas une contrainte car Dieu ne s'impose jamais, mais nous laisse décider de l'orientation de nos vies, même lorsque nous nous fourvoyons. Si la foi véritable est un combat de tous les instants contre le mal, elle reste promesse de victoire, parce que le mal a été définitivement vaincu par le Christ sur la Croix.

Telle était la foi d'Édith Stein, et cette foi lui permit d'écrire sur le salut universel des mots irradiés de lumière : « La grâce est l'esprit de Dieu qui descend dans l'âme humaine. Elle ne peut pas y faire sa demeure si elle n'y est pas reçue librement. » Si la position « de principe » de s'exclure de la rédemption ne peut être supprimée, « cela peut devenir infiniment improbable en raison de ce que la grâce prévenante est capable d'opérer dans l'âme. [...]

12. p. 71.

Plus large est l'espace qu'elle occupe ainsi *illégalement*, moins il devient vraisemblable que l'âme se ferme à la grâce. Et déjà elle voit le monde dans la lumière de la grâce. [...] Elle remarque également ce qui est néfaste et impur (*das Unheilige*) qui lui répugne. [...] À cela correspond, en son for intérieur, une tendance à se comporter, dans le sens de la grâce, conformément à sa propre raison, et non plus selon la raison naturelle, voire selon celle du Malin. »[13]

La difficulté de ce passage tient essentiellement à son vocabulaire. Les mots de « grâce prévenante » et d' « âme » sont à resituer dans leur contexte culturel : ils étaient alors courants et renvoyaient à une manière de parler de la gratuité du don de la vie et de la liberté, fait par Dieu à la créature humaine dont il a souci, dont il « prévient » les égarements, en lui demeurant présent dans son « âme », « au plus intime du plus intime d'elle-même », pour s'exprimer comme saint Augustin.

Jusque là, et toute transposition faite, le lecteur le plus moderne se retrouve en terrain connu depuis longtemps dont les repères verbaux lui sont familiers, même s'il n'utilise pas un lexique identique. Le « Malin », par exemple, n'est qu'une façon de considérer l'énigme du Mal, comme un fait qui

13. p. 43.

traverse l'Histoire. En revanche, je suis tentée de penser que la traduction de l'allemand *das Unheilige*, littéralement « le profane », par « impur » est dommageable car ce mot réintroduit la catégorie de l'impureté et ses funestes dérives : « race » aryenne « pure » / « race » juive « impure », par exemple, et autres *distinguos* auxquels il est inutile de s'arrêter. Il suffit de savoir que cette ambiguïté-là, Édith Stein l'avait évitée. Bien plus, en remettant à chacun le soin de « sa propre raison » (un peu trop subtilement peut-être distinguée de « la raison naturelle »), capable de conduire l'être humain dans le sens de la justice et de la liberté, Édith Stein ouvrait la voie aux réflexions à venir sur l'indispensable usage de la raison en matière de foi, pour peu que l'on désire entrer en relation avec le monde moderne de la science. (Ce qui à notre époque se met en place de mieux en mieux).

Aussi est-il vraisemblable que devant l'Église et l'Église bientôt face à la Shoah, Édith Stein ne put que méditer amèrement sur l'infaillibilité pontificale. Pour elle cependant, ce qui était en jeu ce n'était pas le respect des représentants de l'Église, dont elle ne remit jamais en cause ni la personne ni la fonction, mais la prétention de quelques-uns de détenir « la » vérité, en enfermant les croyants — qui pratiquent la foi du charbonnier ? — dans une soumission aliénante. Volonté de puissance, donc, d'autant plus grande qu'allant de concert, par réflexe de prudence et de peur devant toute espèce de nouveauté, avec une impuissance à se désentraver d'un enseignement en matière de morale, de discipline et de politique, qui enfanta si souvent au cours des siècles, tant d'erreurs, de fautes et de crimes : compromission avec le pouvoir séculier, par exemple, ou, pire, persécution des « sorcières », des hérétiques et des Juifs, qui périrent sur tant de bûchers.

La pensée d'Édith Stein fut, certes, informée par la foi, mais une foi qui s'expose, propose et invite à la discussion. Elle écrivait que, si les vérités de foi ne peuvent être employées comme « thèses » dans la discussion avec l'incroyant, du moins peuvent-elles l'être « comme point de départ (hypothèse). »[14] Ainsi se trouve barrée toute espèce de dogmatisme. Le Dieu qui s'est fait homme parle au cœur et écoute ce qui monte de la raison de l'homme dont il a voulu qu'il fasse usage.

Dans une perspective voisine, on se rappellera qu'Édith Stein s'est toujours affirmée étrangère à l'adage : « Hors de l'Église, point de salut », inscrit pourtant à son époque dans les mentalités chrétiennes, comme une évidence. Et étrangère, non seulement parce qu'elle était juive, mais aussi parce qu'elle croyait à l'unité du genre humain dans le Corps mystique du

14. *Être fini et Être éternel*, p. 36.

Christ, l'Homme-Dieu, qui donne à tous les hommes de participer à sa nature divine, pour autant qu'ils ne le refusent pas, ce qui est « infiniment improbable », disait-elle. « En prenant un corps, le Créateur du genre humain nous offre sa divinité. Dieu s'est fait homme pour que les hommes puissent devenir fils de Dieu. [...] Il est venu pour former avec nous un corps mystérieux : lui, le Chef, et nous ses membres. »[15] Mais précisément à cause de leurs dates (1934-1941), ces méditations révèlent aussi — plus loin dans le texte — une exigence d'expiation du mal perpétré contre les Juifs, un mal dont la plupart des Allemands se rendaient complices, sans même parler de bon nombre de responsables de leurs Églises, si souvent silencieux, eux aussi.

Une telle exigence d'expiation peut paraître délirante, et nous y reviendrons. Mais d'abord lisons ce qu'Édith Stein expliquait : « La recherche de la souffrance pour le plaisir d'une souffrance perverse est à l'opposé d'une souffrance d'expiation. Elle n'a que l'apparence d'une aspiration spirituelle et n'est qu'un désir sensuel nullement meilleur que n'importe quel appétit de la chair, et même pire, dans la mesure où il est contre nature. L'exigence de la souffrance pénitentielle ne peut naître que chez ceux dont l'œil spirituel s'est ouvert aux connections surnaturelles entre les événements du monde ; et cela

15. *La Crèche et la Croix*, recueil de méditations couvrant les années 1934-1941, Ad Solem, 1995, p. 35 et 36.

n'est possible que chez ceux en qui vit l'Esprit du Christ. »[16]

Édith Stein s'est-elle infligé des pénitences corporelles ? Oui, selon la règle du Carmel, qui restera en vigueur jusqu'au Concile Vatican II. Mais sans doute peut-on penser que ces pénitences furent surtout un moyen de prendre sur elle en embrassant la Croix, les souffrances de tant de victimes de la guerre qui faisait rage : « Le monde est en flammes. [...] Entends-tu le gémissement des blessés sur tous les champs de bataille d'Ouest en Est ? Tu n'es ni médecin ni infirmière, et tu ne peux panser leurs plaies. Tu es enterrée dans ta cellule et tu ne peux venir jusqu'à eux. [...] Tu voudrais être prêtre et les assister ? [...] Lève les yeux vers le Crucifié. Si tu es son épouse, dans la fidèle observance de tes vœux, son *précieux sang* sera aussi *le tien.* »[17] Car, et on le voit, ces paroles qui peuvent paraître insensées, sont surtout marquées du sceau de la personnalité d'Édith Stein, de ses désirs les plus enfouis, et trahissent combien elle fut aussi une grande mystique, à la hauteur de sainte Thérèse d'Avila et de saint Jean de la Croix, non moins dévorée d'amour fou que ses maîtres. À la fin de sa vie tout particulièrement après sa Profession solennelle, le 21 avril 1938, la

16. p. 36.
17. p. 66.

Nuit de Cristal, le 9-10 novembre et un mois et demi avant de quitter Cologne pour Echt, le 31 décembre.

Elle fera alors l'expérience de la grâce divine, ce don de communion parfaite à la vie de Dieu, reçue pour être communiquée.

Cette expérience, elle la vivra dans « la lumière obscure » de la foi, obscurité qui est une épreuve sur laquelle Thérèse-Bénédicte de la Croix resta silencieuse. « Secretum meum mihi ». Secret, non seulement du combat dans la nuit et le silence du tabernacle devant lequel elle passait de longues heures, mais aussi de l'union à Dieu considéré conformément à la tradition mystique juive et chrétienne, comme « l'Époux » de l'âme. Et Marie, dans la tradition catholique, comme l'Épouse et la Mère de Dieu.

La Mère de Jésus

Compte tenu des réflexions d'Édith Stein sur la condition féminine dans la société et dans l'Église, sur l'autorité ecclésiastique et de ce nous savons aperçu de sa tendance à la plus vertigineuse mystique, nous ne serons pas surpris des ses développements assez extraordinaires sur la Mère de Christ.

Édith parle rarement de Marie, qui cependant n'a cessé de l'accompagner. À Beuron, par exemple, on la voyait souvent en prières devant une petite statue en bois de la Mère des Douleurs tenant sur ses genoux le Christ mort. Et on devine que sa discrétion à l'égard de Marie faisait elle aussi partie du secret de son cœur.

Mais, à lire le cahier intime tenu par Édith Stein de 1935 à 1942, demeuré secret pendant plus de cinquante ans et publié sous le titre *Le Secret de la Croix*[18], on découvre des notes bibliques, philosophiques, théologiques et des méditations sur Marie littéralement « abyssales », nous prévient-on. En voici deux.

Dans la première, datée du 14 avril 1938, on lit ces mots stupéfiants, du moins pour l'époque : « La Sainte Écriture ne le dit pas, mais il n'y a pas à douter que la Mère de Dieu était présente [à la dernière Cène]. Sûrement elle est venue à Jérusalem comme toujours pour la fête de la Pâque et a célébré le repas pascal avec tout le groupe qui suivait Jésus. »

Et dans la seconde méditation, datée du Samedi Saint de la même année, on ose à peine lire : « Est-ce qu'avant le lever du jour l'ange de l'Annonciation ne t'a pas guidée sans bruit depuis la maison de tes hôtes jusqu'au tombeau ? [...] Dans l'aurore

18. Recueil de textes présentés par Vincent Aucante et Sophie Binggeli, Parole et Silence, 1998.

rougeoyante, ne s'est-il pas avancé hors du tombeau enveloppé de lumière resplendissante dans le jardin en pleine floraison comme au paradis ? […] il n'est monté au cœur d'aucun homme ce que le Seigneur préparait à sa Mère. […] nous pouvons admettre que le Seigneur a initié sa Mère plus que tout autre à tous les mystères du Corps mystique. […] Elle n'avait pas besoin comme les apôtres de la descente de l'Esprit Saint pour comprendre le mystère de l'Église, des sacrements, du sacerdoce, pour aider ensuite l'Église à se former dans les années qui suivirent l'Ascension. »

Si cela s'était passé comme se le figure, et le croit, Édith Stein, qui écrivait cependant pour elle-même ainsi que le veut tout journal intime, la place des femmes dans l'Église aurait peut-être été différente de ce qu'elle fut, et reste souvent encore, quoique de moins en moins dans nos pays occidentaux souffrant d'une crise religieuse, événement qui, comme si souvent, sert les plus défavorisés.

Concluons. Étant donné qu'Édith Stein était une femme libre de toute idée préconçue, elle raisonne d'une manière libre et personnelle. Certains pourront s'indigner de son audace et de ses « rêveries » considérées comme autant d'offenses à la « vraie religion ». Mais les femmes lui doivent beaucoup. Nous avons appris d'elle à user de notre raison, et appris aussi que la foi, pas plus que la charité, ne peut se passer d'être intelligente. De là, la vitalité et la force de la pensée de cette philosophe, qualités qu'elle exploitera aussi librement dans d'autres domaines plus théologiques et, bien entendu, philosophiques, en se fiant toujours à cette *Einfühlung*, cette empathie, cette intuition, ce sens du réel jamais figé, toujours en mouvement, en devenir, qui est l'une des caractéristiques de la pensée d'Édith Stein, puisqu'il s'agit toujours de liberté, d'autonomie, d'indépendance, d'ouverture au Tout-Autre, c'est-à-dire en définitive à Dieu lui-même.

La création en devenir

Le concept d'autonomie, si révélateur d'Édith Stein, lui permit non seulement de définir la personne dans sa liberté en face de Dieu, mais aussi de considérer le monde de la manière dont Dieu l'a voulu et donc créé : indépendant de l'homme. Adolphe Gesché, théologien, professeur à l'université de Louvain, a remarquablement montré qu'il y avait « des leçons de la création », éclairant les conséquences de l'émergence de l'être pensant au sommet de tout le créé.[19]

Commençons donc par ces « leçons », d'autant

19. « Un secret de salut caché dans le cosmos ». *Création et Salut*, Facultés universitaires Saint-Louis de Bruxelles, 1989.

plus importantes qu'elles ne sont étrangères ni à la théologie d'Édith Stein, ni à celle de l'Église, du moins chez les premiers pères grecs, ni aujourd'hui depuis que Teilhard de Chardin n'est plus tenu en suspicion.

La question centrale est celle de « l'autonomie du cosmos », cette indépendance, ce « quant-à-soi », recélant dès l'origine « un secret primordial de salut ».[20] Le cosmos n'est pas d'abord fait pour l'homme, il est pour Dieu dont par sa splendeur il porte le reflet. Mais, créé *in principio* par le Logos en lequel il a sa consistance propre, sa finalité et son sens, le monde est aussi notre demeure, notre maison, l'espace où se joue notre liberté. « En venant chez nous, il venait chez lui, il restait chez lui. Logos divin et cosmos humain sont en proximité. »[21] Ainsi, et comme l'être humain, le monde est voulu *capax Dei* (capable de Dieu), donc en connivence de destin avec l'homme.

Que le péché ait atteint le monde lui-même, comme le dit saint Paul, peut se concevoir, au seul vu de ses terrifiantes dévastations, même si l'on ne se réfère pas au péché originel. Mais le monde est « notre séjour habituel », ce qui signifie que, en tant que tel, il ne saurait nous être radicalement hos-

20. p. 17.
21. p. 30.

tile, qu'au contraire, nous devons chercher à nous adapter à lui, en nous protégeant de ses gigantesques bouleversements et en le protégeant des destructions que notre incurie lui inflige. Mais sans vouloir le dominer.

Dans le premier récit de la création, Dieu bénit Adam et Ève en leur disant : « Soyez féconds, multipliez, emplissez la terre et soumettez-la. » Mais cette « soumission » n'implique pas que l'homme, à qui la terre est confiée, doive l'assujettir ! Cela signifie plutôt qu'il nous revient de découvrir les lois d'un univers en état permanent de transformation, et d'abord les lois de notre « séjour habituel », lui-même instable, afin de servir son développement, comme il nous servirait, tous, par ses richesses, si nous savions les exploiter.

La foi nous apprend que la création, abîmée par le péché, « attend avec impatience la révélation des fils de Dieu » et « gémit maintenant encore dans les douleurs de l'enfantement. » (Rm 8,19 et 22). Mais précisément, parce qu'elle est abîmée par nous, la création attend que nous la réparions et ainsi que nous l'aidions à parvenir à son achèvement.

« On a très justement parlé, écrit A. Gesché, d'une création « créée parfaitement imparfaite [...] en état de commencement et de continuation. »[22](« De

22. p. 35.

commencements en commencements jusqu'à des commencements qui n'auront plus de fin », disait déjà saint Grégoire de Nysse).

Édith Stein, à ce sujet, eut l'immense mérite d'anticiper intuitivement en renouant avec la théologie des premiers conciles, sur les découvertes de la science contemporaine et, dans une certaine mesure, sur les déductions fulgurantes nées d'observations sur le terrain de Teilhard de Chardin. Ce qui témoigne encore de la liberté avec laquelle sa pensée fut indifférente à tout fixisme. C'est ainsi qu'à propos de la création, elle écrivait : « Lorsque Dieu appelle à l'existence quelque chose qui n'est pas lui-même, qui possède un être *autonome*, un autre être se trouve manifestement en dehors de l'être divin. [...] Il apparaît donc dans la signification de la création que ce qui est créé n'est pas une reproduction parfaite, mais seulement *une image partielle*, *un rayon brisé* : Dieu, l'Éternel, l'Incréé et l'Infini, ne peut rien créer d'absolument semblable à lui-même, puisqu'il ne saurait y avoir un second Éternel, Incréé et Infini. »[23]

Nous pouvons déduire de ces remarques que l'être humain, « fini », est donc créé lui aussi inachevé, en devenir, dans un perpétuel mouvement de transformation tout au long du temps qui, de l'origine au

23. *Être fini et Être éternel*, p. 348.

terme, est le lieu où se joue son accomplissement dans le Christ : présence du Dieu éternellement présent à l'homme et aux choses.

Édith Stein, nourrie de la théologie médiévale, savait cela mieux que quiconque, et en vint à écrire avec cette intuition du futur qui était la sienne, ces mots aux accents littéralement teilhardiens : « On peut supposer comme possibilité essentielle que la création en tant que monde entièrement structuré de choses informées soit issue de la main de Dieu — assurément avec la possibilité de se transformer et non pas comme définitivement achevé et immuable, car le devenir et la disparition seraient alors incompréhensibles : en effet ceux-ci déterminent le visage de notre monde et en eux se déroule le cours de la nature. »[24]

Édith Stein ne connaissait évidemment pas Teilhard de Chardin. Mais ce qu'elle écrit de la vie humaine, nous pourrions dire du « phénomène humain », recoupe l'expérience du célèbre paléontologue. On lit en effet dans *Être fini et Être éternel*, que la vie en état permanent de développement est orientée vers une fin spirituelle qui n'est autre que la Vie divine : « La personne est un support (*tragen*) en un autre sens que tout objet impersonnel. Sa vie jaillit d'elle-même et il est possible de concevoir que

24. p. 480.

cette vie puisse avoir une fin sans que la personne soit réduite au néant et qu'elle puisse ainsi commencer une vie nouvelle. »[25] Ce qui n'était pas sans rapport avec ce que Teilhard de Chardin écrira dans une lettre du 16 mars 1952 à son ami Pierre Leroy : « La vie, historiquement, s'est développée, et continue de se développer [...] *additivement* (ou, ce qui revient au même, en *s'accentuant* continuellement suivant certaines directions.) Cela, c'est de l'expérience pure. »[26]

En ce qui concerne la création en devenir, Édith Stein était donc très en avance sur son temps. Ce ne sera pas différent avec la rédemption, qu'elle ne sépare pas de la création.

À propos de ces questions, existaient déjà les travaux monumentaux de saint Thomas d'Aquin, en face duquel Édith Stein ne craignit pas de se montrer réservée. Et c'est ce qu'affirme impérativement le spécialiste de la pensée steinienne, Reuben Guilead : « Il est faux de vouloir considérer l'ontologie d'Édith Stein comme une métaphysique thomiste. L'ontologie d'Édith Stein aboutit [...] à une doctrine du

25. p. 489-490.

26. *Lettres familières de Pierre Teilhard de Chardin, mon ami.* Le Centurion, 1976.

mystère de l'être, mystère qui ne se dévoile pas dans une histoire de l'être, mais comme une participation par la foi à un événement historique qui toutefois ne concerne pas l'homme mais le Fils de Dieu. »[27]

On en déduit que les remarques d'Édith Stein sur l'incarnation rédemptrice étaient singulièrement neuves. Nous le voyons immédiatement dans la conclusion d'*Être fini et Être éternel* — cette Somme théologique — où la complexité le dispute à l'extrême précision.

Premièrement, Édith Stein ne dissocie pas l'incarnation de la création : « Puisque le plan de la création — comme tout ce qui existe en Dieu — est éternel, le Logos et la création coïncident de toute éternité, bien que la création ait eu un commencement temporel et soit soumise à un développement. »[28] De cette affirmation, elle tire des conséquences très audacieuses pour l'époque. Contrairement au courant principal de la tradition théologique qui « considère seulement la chute pour justifier l'incarnation », la doctrine du Corps mystique ouvre un autre chemin : « Si le Christ est la *tête* de l'humanité rachetée, et si la vie de la grâce se répand de lui sur tous les rachetés, alors les premiers parents appartiennent aussi aux membres du Corps

27. *De la phénoménologie à la science de la Croix*, Nauwelaerts, 1874, p. 365-366.

28. p. 353.

mystique. Ils ont été rachetés, délivrés du péché *par* la Passion du Christ, mais *avant* sa réalisation temporelle. »[29]

Dans cette logique, le péché originel (parabolique dans le récit de la chute) est une doctrine qui « ne se laisse pas admettre sans dommage pour la liberté et la responsabilité personnelle de l'homme ou pour la justice coercitive de Dieu. [...] Nous ne pouvons nous disculper sous prétexte qu'il nous serait plus difficile, étant liés au péché originel, de conserver l'innocence vis-à-vis de la faute personnelle qu'aux hommes dans l'état originel, mais si cela est plus difficile, ce n'est pas cependant impossible : il n'y a après la chute, aucune nécessité de péché. »[30] De là cette conclusion libératrice des hantises qui ont assombri « l'âme » de tant de chrétiens au cours des siècles, au point de détourner de croire tant d'hommes et de femmes de bonne volonté : puisque Dieu (ce « Dieu, sans idée du mal »[31]), ne pouvait pas prévoir dans le premier péché tous les péchés futurs, nous ne sommes comptables devant lui que de nos péchés « actuels » dont nous sommes rachetés par « une impulsion de la grâce [...] qui nous ramène

29. p. 514 et 417.
30. p. 516.
31. L'expression est le titre du livre de Jean-Miguel Garrigues, Desclée, 1990.

sur la voie qui conduit à Dieu : vers le repentir, l'expiation et l'attachement fidèle au Sauveur. »[32]

Deuxièmement, et parce qu'Édith Stein ne la relie pas à la chute, l'incarnation est pensée comme manifestation et venue dans le temps de l'amour éternel et infini de Dieu en quête de l'humanité — qu'il a voulue participante de sa nature divine. « Il s'agit d'une union d'amour : Dieu est l'amour et la participation à l'être divin doit être une participation à l'amour. [...] Ce qui permet de nouveau de comprendre que Dieu a pu se créer dans chaque âme humaine une demeure propre afin que la plénitude de l'amour divin trouve dans la multiplicité des âmes, différentes par nature, un espace plus grand pour sa participation. »[33]

L'expression est peut-être un peu compliquée, mais elle rejoint, d'une certaine manière, ce qu'écrivait plus simplement le théologien Gustave Martelet : « Dans le monde où l'Homme est immergé, Dieu veille à ce que l'Inoubliable qu'il doit être pour l'Homme ne soit pas oublié. »[34]

Édith Stein n'a jamais oublié l'Inoubliable. Peut-être est-ce pour cette raison que de la théologie elle-même elle n'a jamais fait une science absolue. Comme la philosophie, la théologie demeure quelque

32. p. 516.

33. p. 500.

34. *Libre réponse à un scandale. La faute originelle, la souffrance et la mort*, Le Cerf, 1998, p. 54.

chose d'incomplet : « [...] elle n'est pas non plus une doctrine fermée ou susceptible d'achèvement. Elle se déploie historiquement comme une appropriation intellectuelle et progressive des données révélées de la tradition. En plus, il faut encore considérer que la révélation n'embrasse pas la plénitude infinie de la vérité divine. Dieu se communique à l'esprit humain au fur et à mesure selon sa sagesse. Il dépend de Lui de donner la révélation sous une forme correspondant au mode humain de penser : à savoir comme connaissance progressant pas à pas sous forme de concepts et de jugements, ou d'élever l'homme au-delà de son mode de penser naturel, vers une participation à la vision divine embrassant tout dans un seul regard. »[35]

Une telle participation à la vision divine dès ici-bas, distincte de la connaissance rationnelle de Dieu qu'offre ordinairement la théologie, paraît, une fois encore, folie. Pourtant, avec Édith Stein, nous savons qu'il s'agit d'une expérience vécue, d'un acte spirituel venu du tréfonds de son âme. D'une *Einfühlung* ?

35. *Être fini et Être éternel*, p. 33.

Le problème de l'Einfühlung

Thèse d'État[36], soutenue en 1917 et élaborée quand Édith Stein était l'assistante de Husserl à Fribourg, cette œuvre comporte quelques thèmes clés, développés et remodelés dans des textes ultérieurs, ceux de la personne et de la liberté, par exemple. Mais l'originalité d'Édith Stein tient surtout à l'importance — très disputée dans les cercles phénoménologiques — qu'elle accorde aux sentiments, aux valeurs et à sa conception de l'*Einfühlung*, comme voie d'accès au monde spirituel.

Par empathie, nous pouvons nous substituer partiellement à quelqu'un au moment d'une rencontre si nous lui portons une véritable attention : à ce qu'il dit et plus encore — la parole étant souvent imparfaite — à ce que son attitude, ses gestes, son regard trahissent. Ainsi est-il possible de saisir ce qui se manifeste inconsciemment de l'autre, dans ses lapsus, ses actes manqués, ses distractions, son malaise ou son aisance etc., qui éveillent en nous des « sentiments vitaux », parce que nous avons cent fois ressenti ce que sont la sympathie ou l'antipathie,

36. Non traduite, Nauwelaerts, 1974. (Mention *Summa cum laude*).

l'amour ou la répulsion, la joie ou la tristesse. L'*Einfühlung*, entendue comme empathie, repose donc sur les sentiments qui jouent un rôle primordial dans la relation intersubjective, parce qu'ils sont les vecteurs de la compréhension intuitive de l'autre.

« Les sentiments communs et vitaux, écrit Reuben Guilead, permettent de descendre au plus profond du moi. En fait, ils ne représentent pas d'actes spéciaux, [...] mais ils colorent d'un seul coup tous nos actes, ils pénètrent le moi de part en part, et comme Édith Stein l'exprime dans une belle image, « sont omniprésents comme la lumière » ».[37]

Quant aux valeurs, ou « aspirations », elles sont indissociables des sentiments, puisqu'elles en procèdent et qu'elles révèlent l'attitude profonde du moi, par exemple, face à l'argent, à la justice ou à la liberté, et également, parce que l'authenticité des sentiments correspond au niveau des valeurs. De cette façon, écrit Édith Stein, « Chaque pas en avant dans le domaine des valeurs est en même temps une expédition dans celui de la personnalité propre. »[38]

L'*Einfühlung* est vue, en conséquence, comme moyen privilégié d'accès au monde de l'esprit, ces « couches de profondeur du moi », où se joue la

37. *De la phénoménologie à la science de la Croix*, p. 35.
38. p. 36.

destinée humaine à travers l'exercice de la liberté. Et c'est bien de cela que parlera Édith Stein, lorsqu'elle décrira dans *La Science de la Croix* l'espace vertigineux de la liberté de l'âme au centre de laquelle le moi se meut. « Le *Moi*, c'est dans l'âme ce par quoi elle se possède elle-même et ce qui en elle se meut comme dans son propre *espace*. Le point le plus profond est en même temps le lieu de sa liberté : le lieu où elle peut rassembler tout son être et se décider. [...] L'homme est appelé à vivre en son fond intime et de là, à prendre en main la conduite de sa vie. »[39]

« Prendre en main la conduite de sa vie », c'est exactement ce qu'Édith Stein avait appris, d'abord de l'usage de sa propre raison et de l'expérience, puis de la philosophie et de la théologie par l'exercice de sa liberté dans un renouvellement perpétuel de recherche de la vérité, grâce enfin au déploiement d'une intelligence exceptionnelle qui lui épargna, précisément parce que exceptionnelle, le piège de la suffisance.

Au Carmel, rien de ses dons ne lui fut retiré, au contraire, tout lui fut redonné, mais transformé, dans une nouveauté, une paix et une joie — qu'elle avait jusque là ignorées — qui n'élimineraient pas

39. p. 178-179.

les souffrances, mais des souffrances elles aussi différentes de celles qu'elle avait connues antérieurement. Avant de le montrer, disons quelques mots de la phénoménologie, sa philosophie, dans son rapport à la métaphysique de Thomas d'Aquin et même, quoique très différemment, à Thérèse d'Avila.

Étant donné l'extrême complexité de la phénoménologie (pour le non-spécialiste), je m'en tiendrai au strict minimum dans l'unique but de situer Édith Stein face à Husserl qu'elle suivit, puis quitta sur une question de fond.

À propos de la phénoménologie husserlienne, le texte fondamental d'Édith Stein, *La signification de la phénoménologie comme conception du monde*[40], a été traduit et présenté par Philibert Secretan dans *Phénoménologie et philosophie chrétienne*.[41] Un mot pour situer le texte.

Husserl, dans son manifeste de 1935, synthèse de toutes ses recherches antérieures, replace ses travaux dans le mouvement général de la philosophie européenne des Lumières, qu'il considère minée par « une crise grave », celle de la raison, devenue

40. Münster, 1932(?), Nauwelaerts, 1962.
41. Le Cerf, 1987.

impuissante à atteindre la vérité. Il affirme en conséquence qu'il doit « assumer l'obscurité et la trompeuse scientificité» de cette raison orgueilleuse et s'en tenir à un usage humble de la raison, sommée de ne s'occuper que des «choses» (les phénomènes observables) susceptibles d'être décrites.

De là, l'hommage d'Édith Stein: «De *Husserl*, il faut dire que sa façon de guider le regard sur les choses elles-mêmes, et d'éduquer à les saisir intellectuellement en toute rigueur et à les décrire d'une manière sobre, fidèle et consciencieuse, a libéré [ses élèves] de tout arbitraire et de toute fatuité dans la connaissance et a conduit à *une attitude cognitive simple, soumise à l'objet* et de ce fait, humble. Elle apprit aussi à *se libérer des préjugés*, à se désentraver de ce qui rendrait insensible à des intuitions nouvelles.»[42]

Et pourtant, Édith Stein s'est démarquée de son «maître», car, jugeait-elle avec d'autres condisciples, celui-ci avait abandonné l'objectivité, principe de base de la phénoménologie, pour la subjectivité. Certains philosophes estiment que ce n'est pas si sûr: en philosophie, l'attitude la plus rigoureuse étant inévitablement marquée par la subjectivité, sans que pour autant le philosophe manque nécessairement à l'objectivité...

Et même s'il est vrai que la pensée de Husserl a

42. p. 16.

évolué, son entreprise n'en commence pas moins par une mise entre parenthèses (*épokhê*, suspension) de tout jugement sur l'existence du monde pour faire retour aux choses, [*Zurück den Sachen selbst !* Aux choses elles-mêmes !] et que la tâche de la phénoménologie consiste à décrire les divers modes selon lesquels la conscience se fait visée des objets (« intentionnalité ») et en constitue l'idée, en même temps qu'elle se constitue elle-même.

Mais, étant donné que la pluralité des modes de déploiement de la conscience inclut, par définition, le mode de penser théologique ou le croire en Dieu, un Dieu qu'aucun croyant (Husserl l'était) ne saurait mettre entre parenthèses, « il est très difficile, écrit Emmanuel Lévinas, de prendre au sérieux les brèves indications sur Dieu que Husserl donne dans les *Ideen*. »[43]

Husserl, Juif converti au protestantisme, vécut en lui-même cette difficulté, pour laquelle il ne trouva de solution que dans la radicalité de « l'idéalisme transcendantal », conçu comme *science de l'essence des choses* (l'être en soi), en fonction du *cogito* propre à toute conscience, une science dépassant toutes les sciences et capable, par là, d'atteindre l'universel, aussi bien dans

43. Revue philosophique de la France et de l'Étranger, janvier-février 1940, volume 129, section 13. (Les *Ideen* , Idées directrices pour une philosophie pure, datent de 1913).

la recherche fondamentale que dans l'éthique, selon le kantisme le plus pur dont il ne se départit jamais.

Crise métaphysique de Husserl, donc, et crise aussi d'Édith Stein, car en dépit de la distance qu'elle prit à l'égard de l'idéalisme et de l'immanentisme de Husserl, non seulement elle lui resta fidèle bien plus même qu'elle ne le croyait [ce qu'affirmait Hedwig Conrad-Martius, qualifiant Édith Stein de « phénoménologue-née »], mais elle partagea totalement sa façon de penser sur un point capital, puisqu'il s'agit de liberté. Contre celle de Thomas d'Aquin.

Dans *La phénoménologie de Husserl et la philosophie de St Thomas d'Aquin. Essai de confrontation*[44], Édith Sein place en vis-à-vis les deux philosophes.

Elle exprime d'abord son admiration pour Thomas d'Aquin : « Il rassembla ce qui était la doctrine de l'Église mais également ce qu'enseignaient des philosophes anciens ou proches. Il ordonna, compara, examina. Et pour procéder à cet examen, il utilisa tous les moyens qui s'y prêtaient : les principes de la logique formelle, l'intuition de la réalité, l'appel aux vérités de foi comme critères de vérité. »[45]

44. Niemeyer, 1929.

45. p. 40.

Partant, on pourrait croire que le thomisme devait consommer la rupture avec Husserl. Or il n'en fut rien, le nœud de cette confrontation (orageuse si elle avait dû avoir lieu) se resserrant sur l'unique question qui intéressa vraiment Édith Stein : la liberté de la personne et l'autonomie des choses. En ce sens, elle écrit que, selon Thomas d'Aquin qu'elle conteste, le réel est perçu par la conscience qui le constitue comme procédant de Dieu : « Ce qui revient aux choses selon leur essence est en quelque sorte la charpente du monde ; et ce qui leur arrive accidentellement est présigné à titre de possibles. »[46]

Autrement dit, ce que la conscience se donne comme visée, et par là constitue elle-même, c'est le monde créé et en un sens achevé, son devenir accidentel étant lui-même « présigné ».

Mais c'est là que le bât blesse. D'une part, parce que la signification des choses ne dépend pas de l'homme, de l'autre, parce que « le possible », donc le non-encore-là, est coextensif par nature aux choses et à l'homme.

« Édith Stein, à notre avis, conclut R. Guilead, aurait plutôt tendance à accepter la critique sévère de Bonhoeffer à l'égard de l'ontologie thomiste à savoir qu'elle demeure *une métaphysique enfermée dans le monde*, et cela aussi longtemps qu'elle croit qu'on peut

46. p. 44-45.

trouver dans l'existence de l'homme des possibilités de se comprendre et par là de comprendre Dieu.»[47]

De plus, proche en cela de Heidegger, quoique sur un autre plan et avant l'hostilité qu'il lui manifesta, parce qu'elle était juive, quand elle sollicitait son habilitation à enseigner dans une université d'État—avec le soutien de Husserl dont elle fut l'assistante à Fribourg de 1916 à 1918—, Édith Stein est convaincue que «par son essence, la métaphysique doit revêtir la forme d'une ontologie, car l'unique question à laquelle elle doit répondre est celle du sens de l'être.»[48]

La philosophie d'Édith Stein a donc ceci de particulier que, plus encore qu'une doctrine, elle est une «science», un savoir et une expérience de la Croix, c'est-à-dire du mystère de l'Être divin manifesté en Jésus Christ à une profondeur insondable, qui cependant se révèle à l'homme.

C'est pourquoi elle a trouvé en une femme—qui n'était en rien philosophe—Thérèse d'Avila, la réponse à tous ses problèmes abstraits, et de ce fait, non satisfaisants.

47. p. 365.
48. p. 364.

Personne ne saurait être surpris de l'influence de cette grande mystique espagnole sur Thérèse-Bénédicte de la Croix. Et c'est au Carmel que cette influence se fit le plus sentir.

Thérèse d'Avila, Édith la connaissait depuis longtemps. Elle la gardait par-devers elle, comme une source qui allait certainement irriguer un jour ses terres philosophiques. C'est grâce en effet à sainte Thérèse que tout s'éclaircit des profondeurs quasi impénétrables de sa recherche philosophique.

Je n'irai qu'à l'essentiel de ce qui dans les œuvres et la vie de celle qu'elle prit pour modèle, parut à Édith Stein le signe d'une liberté souveraine, et j'abandonne aux spécialistes du Carmel, aux historiens et biographes, le soin de développer les thèmes et de raconter la vie de cette femme, elle aussi hors du commun[49] , à en juger par son audace, son courage, quand elle sillonnait les routes d'Espagne en chariots aménagés en petits monastères roulants, négociant dans les villes avec des marchands juifs, fondant ou visitant ses monastères, en un mot, sa persévérance dans une tâche surhumaine.

49. Si l'on désire « tout » revoir, d'un pont de vue différent de ceux dont nous sommes peut-être coutumiers, il faut lire l'avant-dernier ouvrage de Julia Kristeva, *Thérèse, mon amour. Sainte Thérèse d'Avila*, Fayard, 2008. (703 pages, éblouissantes de précision historique, d'originalité psychanalytique et d'humour).

Mais c'est l'itinéraire spirituel de Thérèse de Jésus, tel qu'elle-même le décrit dans sa *Vie*, qui devait laisser à jamais en Thérèse-Bénédicte l'empreinte la plus profonde, parce qu'elle y a vu, entre autres richesses, le reflet de sa propre exigence de vérité dans la connaissance de soi.

«Le regard d'Édith Stein sur l'âme est proprement phénoménologique quant à la méthode, et fait l'objet d'une plongée en soi-même, d'une retraite à la recherche d'un centre et d'une intimité d'un Moi qui se verra d'autant plus radicalement délogé qu'il prendra plus fondamentalement conscience de soi. Entraînée à la méthode phénoménologique, elle était certainement préparée à voir dans un texte aussi admirablement et humblement «égologique» que la *Vie* de Thérèse d'Avila, et aussi analytique précisément dans sa description de processus à la fois intimes et tenus à distance, un document d'une véracité peu commune.»[50]

Cependant, c'est dans *Die Seelenburg* (Le château de l'âme), œuvre datant de 1936 et non traduite à ce jour, qu'Édith Stein expliquait déjà que, en son centre, en tant que demeure de Dieu, l'âme est le lieu où le moi peut accéder à la plénitude de sa liberté.

«Le centre de l'âme est le lieu à partir duquel on peut entendre la voix de la conscience et le lieu de

50. Philibert Secretan, *Phénoménologie et philosophie chrétienne*, annexe II, p. 162.

la libre décision personnelle. Puisqu'il en est ainsi et puisque le libre dévouement personnel appartient à l'union amoureuse avec Dieu, le lieu de la décision libre doit être en même temps le lieu de la libre union avec Dieu. »[51]

D'une telle réalité, Édith Stein déploie l'image spectaculaire dans *Être fini et Être éternel*: « L'âme comme un *château fort intérieur*, telle qu'elle est décrite par notre sainte Mère Thérèse, n'est pas ponctiforme comme *le moi pur*, mais c'est un *espace* et même un château fort avec beaucoup de demeures — où *le moi* peut se mouvoir librement, tantôt en sortant tantôt en se retirant davantage à l'intérieur. »[52]

L'espace intérieur, les multiples demeures, la liberté de se mouvoir du moi… furent pour Édith Stein des images, des symboles sur lesquels se cible la pointe de sa philosophie — passée, présente et à venir — dans l'immense espace du Dieu éternel.

Car il s'agissait bien pour elle aux moments les plus bouleversés de sa vie, de tenir arrimée à ce centre de l'âme, où le moi trouve sa plus grande liberté.

51. Traduction de la seconde partie de *Die Seelenburg* par Philibert. Secretan, annexe III à *De la personne*, p. 124.
52. p. 372.

III

«...jusqu'à des commencements qui n'auront plus de fin»

Cologne, Echt, Auschwitz

«Chaque créature chante à sa manière ce que Dieu est en elle. Aussi l'âme semble entendre une harmonie incomparable qui surpasse tous les concerts et les mélodies d'ici-bas.»[1] «Mais c'est une musique silencieuse, car cette connaissance calme et tranquille se communique sans aucun bruit de voix.»[2]

En entrant au Carmel en 1933, Édith Stein savait qu'elle ne résisterait à l'Adversaire que dans «la lumière obscure» de la foi. Elle était l'héritière de la pensée la plus abstraite, de la phénoménologie husserlienne et de la plus haute philosophie chré-

1. Saint Jean de la Croix, *Cantique spirituel*, 15 (14).
2. Commentaire d'Édith Stein, *La Science de la Croix*, p. 277.

tienne. Et c'est cette armature intellectuelle qui lui sera un rempart sur lequel elle s'appuierait, jusqu'à ce qu'elle comprenne que son véritable rocher — *sein Stein* —, c'était Dieu seul.

Au point où nous en sommes de notre « expédition », il est possible de penser que, s'il restait encore un sceau qui aurait pu peser sur elle et l'enfermer dans les arcanes de l'unique recherche intellectuelle de la vérité, au moment où l'Allemagne, le pays de « la » philosophie, basculait dans l'abjection d'une doctrine aux mirages de laquelle plus d'un philosophe se laissa prendre (faut-il évoquer Heidegger ?), c'est certainement le sceau des complexités quasi inextricables de la philosophie pure.

Oserais-je le dire ? Sans l'horreur de l'Holocauste, sans le déferlement de haine antisémite, sans la fermeture devant elle de toutes les portes, Édith Stein serait-elle entrée au Carmel ? Qui pourrait en être certain ? (Exception faite de son amie Hedwig Conrad-Martius !)

Pour nous, l'essentiel se dit en bref : elle y est entrée. Dans le cas contraire, son influence dans le monde des idées eût été plus importante, mais quelque chose lui aurait manqué, une sorte de thébaïde secrète à laquelle elle songea douze ans avant de se décider à en franchir les portes. Et non seulement elle y est entrée, mais c'est à Cologne et surtout à Echt, alors qu'elle était cloîtrée et coupée apparemment du monde, qu'elle apprit et comprit d'une « science » reçue et non plus conquise, ce qu'il en serait pour elle de la vraie liberté.

L'école du Carmel

La vie carmélitaine demanda à Édith Stein beaucoup d'efforts. Elle voulait imiter sainte Thérèse d'Avila, mais elle n'était pas taillée dans le même acier que la réformatrice du Carmel. (La pierre peut se briser plus facilement que l'acier). Elle s'employa pourtant à répondre de toute son âme, de tout son cœur et de toutes ses forces à l'appel de Celui auquel elle avait lié sa vie depuis longtemps.

Au Carmel, ce fut moins la pauvreté ou la chasteté qui lui coûtèrent le plus. Édith avait toujours vécu dans la modestie matérielle — à vrai dire largement compensée dans le monde par le prestige de sa réputation. Quant à la chasteté, elle s'en accommoda d'autant mieux que ses expériences amoureuses l'avaient aguerrie et qu'elle n'avait plus le temps de penser à elle… Disons cependant que le sacrement du pardon qu'elle recevait régulièrement lui fut certainement une aide précieuse. Et ajoutons qu'Édith Stein, toute impressionnable et vibrante qu'elle fût, n'en était pas moins assez équilibrée pour ne pas se préoccuper excessivement de ce qu'une tradition millénaire avait charrié d'images consternantes, aussi noires que grotesques, de la Femme responsable par sa perfidie et sa séduction, de la chute du pauvre Adam.

Mais avec l'obéissance, il en alla tout autrement : Édith y consentit plus difficilement, ce qui ne surprendra personne. Admirons-la d'avoir été capable, par délicatesse à l'égard de ses compagnes qui pour la plupart avaient vingt ans de moins qu'elle et se trouvaient aussi ignorantes de phénoménologie que d'histoire contemporaine — Dieu seul leur suffisant —, de manifester douceur et patience à celles qui ne comprenaient pas qu'on puisse être philosophe et, en même temps, souhaiter vivre dans un carmel.

Édith, quant à elle, obéissait à sa Supérieure qui, je le disais, était sensible et très intuitive. Mais elle n'obéissait pas sans application. L'opuscule qu'elle écrivit un jour sur « une remarquable carmélite » du XIXe siècle, Mère Françoise, est de ce point de vue assez plaisant. En effet, lit-on : « Ce n'était pas un petit sacrifice pour une personne de quarante-six ans qui depuis des années était son propre maître, de redevenir un enfant, d'obéir, de soumettre son propre jugement à celui de ses Supérieures. Elle a plus tard honnêtement déclaré que cela lui avait été pénible : « Il est plus facile de se laisser clouer à la Croix avec le Sauveur que de devenir avec Lui un enfant mineur. » Mais elle y a réussi. »[3] On sourit un peu en lisant ces lignes et pour deux raisons : la première vient de ce que l'on se demande si l'idéal de la vie religieuse consiste vraiment à « devenir un enfant mineur ». (L'injonction de Jésus à ses disciples sur ce point visait l'humilité et n'avait rien à voir avec une quelconque infantilisation). Reste que l'expression prête à confusion. La seconde raison, c'est que la ressemblance est flagrante entre Mère Françoise et Édith ! Elle aussi avoua à une compagne de noviciat combien son « acclimatation lui avait été difficile ». Le noviciat à quarante-deux ans devait être effectivement « dur, très dur ».

Thérèse-Bénédicte de la Croix avait écouté Thérèse de Jésus, son guide et son modèle. Thérèse consacre six chapitres du *Chemin de perfection* à la pauvreté matérielle et spirituelle, c'est dire l'importance à ses yeux de cette vertu ; et un chapitre à la chasteté, ce qui ne veut pas dire qu'elle fut moins soucieuse de netteté à cet égard, mais peut-être estimait-elle l'exigence de pauvreté plus urgente à son époque dans les couvents eux-mêmes, avant qu'avec Jean de la Croix, elle ne s'occupe de les réformer. Quant à l'obéissance, elle explique très bien au

3. Anecdote chez Waltraud Herbstrith, *Le vrai visage d'Édith Stein*, p. 138 et 141.

chapitre 10 des Sixièmes Demeures du *Château intérieur*, qu'elle procède de l'humilité. Se demandant pourquoi le Christ était « si ami de l'humilité », la réponse lui vient alors : « C'est parce que Dieu est la suprême Vérité et que l'humilité n'est rien d'autre que marcher dans la vérité. » Et, au chapitre 2 des Septièmes Demeures, elle écrit que lorsque l'âme est unie à Dieu dans l'oraison de silence et de quiétude, elle est parfaitement libre, puisque c'est Lui qui l'établit dans « une paix » que rien, « ni les fatigues, ni les peines », ne saurait lui ravir.

Édith, sûre que Thérèse d'Avila disait la vérité, comprit que sa soif de vérité et de liberté, son désir de dépouillement, de maîtrise des sens, de fidélité à la Parole de Dieu, ne trouveraient de réponse et d'étanchement que dans la vie contemplative.

La vie contemplative

Le mot « contemplation » fait penser à une émotion devant la beauté, au sentiment de vivre un instant d'éternité, à une expérience à la fois sensitive et spirituelle devant un tableau ou un paysage, ou à l'écoute d'une musique ou d'une voix : expérience que l'esthéticien allemand Worringer compare à une

Einfühlung, cette perception intuitive de la réalité des choses. Aussi s'apparente-t-elle à l'expérience mystique, en tant que saisie de Dieu dans la prière d'adoration. À en croire les grands mystiques, donc Édith Stein, celui qui veut vraiment prier doit ménager en lui solitude et silence, et consentir à « durer » dans la lumière obscure de la foi.

« La foi [...] est *l'obscurité de minuit* parce que non seulement l'activité des sens est éliminée, mais aussi le savoir de la raison naturelle. Cependant quand l'âme trouve Dieu, alors commence déjà à poindre dans sa nuit même *la lumière de l'aube*, celle qui précède le jour nouveau de l'Éternité. »[4]

« Der Glaube [...] ist *mitternächtliches* Dunkel, weil hier nicht nur die Sinnestätigkeit ausgeschltet ist, sondern auch die nicht die natürliche Verstande-serkenntnis. Wenn aber die Seele Gott findet, dann bricht in ihre Nacht gleihsam schon die *Morgendämmerung* des neuen Tages der Ewgkeit herein. »

J'ai reproduit le texte original d'Édith Stein, parce qu'il évoque mieux que le langage de la phénoménologie—pourtant superbe, avec ses phrases comparables aux périodes cicéroniennes, rythmées à merveille et rehaussées de toutes les figures de l'éloquence : antithèses puissantes, symboles, archétypes, antiphrases... – ce que l'écriture steinienne traduit

4. *La Science de la Croix*, p. 49.

par le langage de la poésie. Ainsi dans le fragment ci-dessus, dont les images touchent à l'essence du spirituel et dont les sonorités rauques ou assourdies rendent sensible une joie intérieure que rien ne put jamais éteindre, fût-ce au plus ténébreux de la nuit.

Désormais, Édith Stein était prête à entrer dans sa passion.

La passion

La passion d'Édith Sein fut remplie de ténèbres, mais si cruelle qu'elle fût, elle reste le signe d'une charité de compassion — empreinte sur elle de la Charité du Christ — étayée sur une lucidité rare, qui lui permit d'assumer l'histoire de l'Allemagne, de l'Église et du peuple juif.

L'Allemagne

1939. 30 janvier : Hitler annonce l'anéantissement de « la race juive » en Europe. À Echt, Édith Stein apprend le néerlandais en trois mois. (Le carmel d'Echt avait été fondé en 1875 après l'expulsion des religieuses de Cologne durant le *Kulturkampf*). La sœur d'Édith, Erna, en partance pour New York, écrivait : « J'étais rassurée à l'idée de la savoir à l'abri de Hitler dans son cloître, tout comme ma sœur Rosa qui elle aussi avait trouvé refuge à Echt par l'entremise d'Édith. »

9 juin : Édith rédige son testament. « Dès maintenant, j'accueille avec joie la mort que Dieu m'a destinée en parfaite soumission à sa sainte Volonté. Je prie le Seigneur d'accepter ma vie et ma mort pour sa Gloire et Glorification. [...] J'offre ma vie en expiation pour le refus de foi du peuple juif ; pour le salut de l'Allemagne et pour la paix du monde ; enfin pour tous les miens vivants et morts, et pour tous ceux que Dieu m'a donnés ; qu'aucun d'eux ne se perde. »

1940. Mai : Invasion de la Belgique, des Pays-Bas, du Danemark et de la Norvège.

1941. Les Juifs sont astreints à porter l'étoile jaune, en signe d'infamie (et en souvenir du bouclier de David). Les Allemands mettent en place des conseils juifs avec à leur tête des notables comme agents de renseignements contraints, plus ou moins, de s'exécuter.

28 juillet : Frieda, la sœur d'Édith, Paul, son frère, sa femme et leur fille sont déportés au camp de Teresienstadt en Bohème, réservé aux « privilégiés ». Édith et Rosa, sa sœur arrêtée en même temps qu'elle, l'ont su. Ils seront assassinés.

14 septembre : en la fête de l'Exaltation de la

Sainte Croix, Édith prononce devant les carmélites une allocution impressionnante. (Nous aurons l'occasion d'en lire quelques fragments).

À l'automne, des informations commencent à circuler sur le sort des Juifs. Mais il était facile de les ignorer ou de décider de les ignorer. Pendant leurs derniers mois à Echt, Édith et Rosa furent fréquemment assignées à comparaître à Maëstricht par la SS (elles devaient se tenir à trois mètres de l'officier qui les interrogeait) ou à Amsterdam par le conseiller aux affaires juives.

1942. Juillet : en Hollande, les déportations s'accélèrent. Les évêques et les responsables des Églises réformées adressent un télégramme véhément au commissaire du Reich, Seyss-Inquart. Celui-ci les « rassure » : les Juifs chrétiens ne seront pas inquiétés. La manœuvre consistant à dresser les Juifs les uns contre les autres ne manquait pas d'abjecte habileté.

20 juillet : dans toute la Hollande et à toutes les messes, est lue une lettre pastorale de l'archevêque d'Utrecht, demandant aux catholiques de ne pas oublier la part de responsabilité qui leur incombait dans la catastrophe, d'aider les Juifs et de prier pour eux.

La riposte ne se fit pas attendre

« Nous devons considérer les Juifs, cent pour cent, qui sont catholiques comme nos pires ennemis et pour cette raison, nous devons faire en sorte qu'ils soient déportés vers l'Est le plus rapidement possible », avait ordonné le commissaire du Reich.

2 août : 245 Juifs convertis au catholicisme et réfugiés dans les couvents, sont appréhendés — dont Édith et Rosa –. On parque immédiatement hommes, femmes et enfants dans les camps de transit d'Amerfort, puis de Westerbork au nord de la Hollande. Parmi les 1200 « ennemis » ainsi concentrés, seuls les Juifs évangéliques et les demi-Juifs sont relâchés.

7 août : les 987 Juifs restants sont entassés dans des wagons à bestiaux.

9 août : arrivés à Auschwitz-Birkenau, tous sont gazés, en même temps que 766 autres Juifs en provenance de Drancy.

La violence de ces faits, tellement connus, se passe de commentaires.

Et pourtant, le négationnisme et autre relativisme perdurent, à ce qu'il paraît. Si l'on désire s'informer à nouveau sur cette affaire, invraisemblable mais vraie, on peut lire sur Internet les six questions posées à Jean-Paul II par Robert Faurisson, notamment celle relative à l'assassinat d'Édith Stein, dont on nous apprend qu'elle a pu, comme tant de gardiens allemands, mourir du typhus. Mais laissons les extralucides à leur extrême opiniâtreté, et revenons à Édith Stein.

Elle a voulu, avant de mourir, assumer devant Dieu sa triple appartenance à l'Allemagne, à l'Église et au peuple juif, en dépassant tous les antagonismes, avec une lucidité et une hauteur d'esprit, bouleversantes.

L'Allemagne

Pour Édith Stein, l'Allemagne c'était d'abord un pays de grande culture: la patrie de Mozart, de Beethoven, de Schuman, de Schubert; de l'architecture baroque avec ses châteaux accrochés aux hauteurs de Bavière, de l'architecture gothique avec ses cathédrales, qu'elle avait si souvent visitées; la patrie de Goethe et de Schiller, de Kant, de Husserl et des phénoménologues... Rien, aucune barbarie ne pourrait jamais détruire cela. Et Édith le savait.

Nous savons aussi qu'elle fut un grand témoin, une grande philosophe et un grand écrivain. À ce triple titre, elle a honoré l'Allemagne, cette Allemagne qu'elle a toujours aimée parce qu'elle y était née, et parce qu'elle désirait participer à son salut, en marchant sur «les pas du Crucifié».

Mais l'Allemagne, sa maison, qui aurait pu l'écraser sous un sceau terriblement lourd fut surtout pour Édith Stein, le lieu transfiguré par le regard de vérité qu'elle porta sur cette «demeure», un regard d'amour et de distance, qui lui permit de dépasser ses tristesses et son amertume, pour entrer dans le mystère des dons inaliénables de Dieu.

C'est ce même regard qu'elle a porté sur l'Église.

L'Église

Tout avait commencé dans le bonheur de cette conversion-coup de foudre, après la lecture de la *Vie* de Thérèse d'Avila.

Le Ier janvier 1922, le doyen de la paroisse de Bergzabern consigna sur le registre : « ...fut baptisée Édith Stein [...] laquelle passa du judaïsme à la religion catholique, bien instruite et bien disposée. »

« Bien disposée », c'était évident ; « bien instruite », c'était semi-vrai (six mois de formation accélérée, c'est court !) ; « passée du judaïsme à la religion catholique », c'était faux. Édith passa, en fait, de l'agnosticisme, sinon de l'athéisme, au catholicisme — sans jamais, du reste, renier ses racines juives. Rappelons par exemple que, quand elle avait rompu avec la religion de sa mère, c'était pour montrer qu'elle n'avait besoin personne, et sûrement pas pour briser avec le judaïsme. Quel chemin n'aurait-elle pas parcouru avec une volonté aussi impérieuse, si le Christ ne l'avait jetée à bas de son cheval, comme Paul (selon des versions un peu théâtrales) sur la route de Damas !

Mais, lorsque Édith Stein demande la baptême à trente ans, que savait-elle de l'Église ? Ni plus ni moins, probablement, que ce que chacun sait : sa grandeur (sainteté de certains de ses membres, vaste culture, dévouements exemplaires) et tout autant sa misère (croisades, conquête du Nouveau Monde sous l'appât de l'or, Inquisition etc.)

Édith Stein connaissait assez de ces faits pour qu'ils soient un obstacle à son entrée dans l'Église. Pourquoi n'en fut-il rien ? Sans doute parce que, comme tout adulte demandant le baptême, elle ne regarda que le Christ qui l'appelait et au Corps mystique duquel elle voulait être agrégée.

Plus tard au Carmel, l'Église visible, ce fut pour elle ce petit groupe de religieuses (de saintes femmes, somme toute) et quelques prêtres, confesseurs et conseillers qui s'attiraient le respect par le respect dont ils faisaient preuve. Édith voyait en eux les ministres de la Parole et des sacrements et ne leur demandait pas d'être des théologiens émérites, même si certains vraisemblablement l'étaient. Thérèse d'Avila se montrait sur ce point beaucoup plus exigeante et remerciait sans vergogne les « demi-théologiens » ! Mais Édith Stein était une simple religieuse...

Précisons que deux prêtres remarquables croisèrent sa route : le père Erich Przywara à Spire, qui l'incita à se former à la pensée thomiste et sur le conseil duquel elle traduisit les *Quaestionnes disputatae de veritate* de Thomas d'Aquin, et le père-abbé de Beuron, Rafael Walzer, qui l'initia à la vie contemplative.

En raison de cet entourage de qualité, Édith Stein accéda immédiatement au sens de l'Église, en particulier dans le mystère sacramentel et en tout premier lieu, dans l'Eucharistie : « Vivre selon l'Eucharistie, signifie sortir insensiblement de l'étroitesse de sa propre vie pour naître à l'immensité de la vie du Christ. » En assumant notre condition mortelle, le Christ a voulu que ses souffrances et sa mort « se perpétuent dans son Corps mystique et dans chacun de ses membres », afin que la souffrance et la mort de chaque membre « tiennent de la divinité du Chef une force rédemptrice. »[5]

Avant de poursuivre, il n'est pas sans importance de se rappeler qu'à l'époque d'Édith Stein, la situation

5. *La Crèche et la Croix,* p. 50-51 et 44.

de l'Église était loin d'être simple, non seulement à cause de la haine de Hitler à l'égard des religions issues de l'Alliance, mais aussi parce que la tension entre chrétiens s'aggravait dans la mesure où aux yeux des luthériens, l'Église catholique était, d'abord et avant tout, une réalité institutionnelle littéralement insupportable. En outre, et c'est autrement grave, les relations protestants-catholiques achevèrent de se déliter sur la question juive, dont au moment de la Shoah ne sortirent grandis — sauf exception — ni les uns ni les autres, au demeurant soutenus par la plupart des représentants de leurs Églises.

Les protestants luthériens étaient très divisés au sujet de Luther, farouchement antisémite. Tandis que certains avaient pris leur distance par rapport au réformateur, d'autres le suivaient les yeux fermés et haïssaient les Juifs, ce qui explique leur attitude, plus déplorable même que celle des catholiques, du moins dans des régions comme la Prusse d'Édith Stein. (Heureusement, elle eut la chance d'avoir des amis protestants, parmi lesquels la tant aimée «Hatti», Edwig Conrad-Martius, aussi intelligents que généreux et anticonformistes).

Dans ce contexte cependant il n'est pas difficile d'imaginer ce qu'Édith Stein pouvait penser de

« l'enseignement du mépris », pour reprendre les mots de Jules Isaac, de l'accusation de « déicide » portée contre les Juifs, accusation aux si lourdes conséquences, et du silence de l'Église au moment où une parole forte et claire eût tellement nécessaire.

Pie XII fut élu pape le 2 mars 1939.

Chacun sait aujourd'hui que s'il était germanophile, il n'a jamais été pronazi. Mais il resta indécis entre ses sympathies pour l'Allemagne et ce que l'Allemagne était devenue. De plus, il s'est trompé en croyant pouvoir jouer un rôle de négociateur avec Hitler et son ministre des affaires étrangères, von Ribbentrop, qu'il reçut au Vatican. Il est sûr pourtant qu'il multiplia les allocutions et entreprit de fréquentes actions diplomatiques — tant auprès du gouvernement allemand que des ambassades étrangères et des secrétaireries épiscopales — en faveur de catholiques résistants et de Juifs qu'il aida de multiples manières à fuir ou à se cacher. Dans *Le Monde* du 17 mars 1998, Henri Tincq cite à ce sujet un expert israélien, Pinhas Lapide, qui atteste que le pape a pu sauver près d'un demi-million de Juifs, en Pologne d'abord, puis en Hongrie à partir de 1944, et dans d'autres pays.

Pie XII usa de ce qu'il croyait être encore son autorité morale et de ce qu'il devait y avoir de persuasif dans sa parole privée. Mais c'est d'une parole publique, à l'adresse de toute la chrétienté, qu'il aurait fallu se servir ! À ce titre, finalement, il s'est tu.

Silence, parce qu'il était prisonnier du Concordat qu'il avait négocié en 1933 avec Hitler et qui, moyennant la non-intervention de l'Église dans le domaine public, garantirait la sécurité des catholiques. Promesse d'ailleurs de pure forme, comme le dit Édith Stein à la Prieure du carmel de Cologne : « Pas à pas s'est réalisé ce qu'autrefois j'avais prédit pour l'avenir des catholiques en Allemagne », à savoir — avec celle des protestants — une persécution due à la haine de Hitler pour l'Église, héritière d'Israël, donc méprisable. (Parmi les protestants, le plus connu et l'un des plus héroïques, Dietrich Bonhoeffer, le pasteur et théologien, résistant, assassiné au camp de Flossenbürg).

Silence aussi, quoique relatif, qui lui fut âprement reproché, peut-être avec raison, devant les déportations massives de Rome. Ce qui manqua surtout à Pie XII devant une situation encore jamais connue, qui de toute façon le dépassa, c'est d'être un pape « visionnaire », capable d'intuition, de cette *Einfühlung* qui lui eût dicté des gestes symboliques. Le roi du Danemark n'avait-il pas décidé de porter l'étoile jaune et invité tous les Danois à l'imiter ? Pie XII ne put jamais croire au mal absolu : il voulut « sauver la paix », et la guerre fit plus de cinquante millions de morts. Il n'a pas su voir qu'en s'engageant personnellement aux côtés des Juifs persécutés, c'est aussi l'honneur de l'Église qu'il aurait sauvé.

Il faut dire cependant que l'ouverture des archives du Vatican, publiées de 1965 à 1982, a permis une plus juste appréciation de l'action de Pie XII, pendant la Seconde Guerre mondiale.

Reste un fait accablant : la méfiance à l'égard des Juifs convertis. Si l'on voulait en chercher les mobiles, et spécialement dans les milieux ecclésiastiques, on n'en trouverait qu'un, lamentable, remontant aux conversions forcées, celles des Marranes, par exemple, les Juifs d'Espagne et du Portugal qui, baptisés, n'en continuaient pas moins à pratiquer leur religion en secret pour sauver la vie de leur famille, et par fidélité à la Thora. Et puis, les Juifs ne vivaient-ils pas en milieux fermés, selon des coutumes étranges, des interdits alimentaires, les coupant du monde extérieur ? Si par le passé, ils avaient été plutôt bien assimilés, leur réussite économique et professionnelle paraissait désormais encore plus suspecte.

Disons enfin qu'il faudra attendre le concile Vatican II et la déclaration *Nostra aetate* du 28 octobre 1965, pour qu'à l'initiative du pape Paul VI, les Juifs soient lavés de l'opprobre dans lequel on les avaient enfermés pendant des siècles, avec cet « enseignement du mépris » et l'accusation de « déicide ».

Comment Édith Stein supporta-t-elle ce qu'elle

connaissait de cet enseignement ? Nous savons seulement ce qu'elle écrivit en janvier 1933 à son amie Mère Petra Brüning, supérieure des Ursulines du couvent de Dorsten en Rhénanie-Westphalie, alors qu'elle était encore professeur à Münster et que jaillissaient partout railleries et insultes contre les Juifs : « Que je sois guidée par la grâce de Dieu, cela m'a paru de nouveau particulièrement évident ces dernières semaines. Je crois voir mon devoir avec plus de clarté et de précision. [Elle va demander son admission au Carmel.] Cela signifie sans doute ma totale incapacité à comprendre toujours plus profondément, mais en même temps la possibilité que je sois malgré cette insuffisance, un instrument. »[6]

Un instrument de la miséricorde divine, Thérèse-Bénédicte de la Croix le fut de façon plus que certaine !

Et d'avoir vécu au Carmel sa plus intense union avec le Crucifié, explique aussi qu'elle ait supporté ce qui n'a pas pu ne pas lui paraître une trahison des clercs et de tant de chrétiens au moment de l'Holocauste, et qu'en même temps, elle ait pu croire qu'existait un autre versant de cette réalité de plomb.

6. Citation chez W. Herbstrith, *Le vrai visage d'Édith Stein*, p. 130.

Évidemment, elle n'a pas eu la possibilité de voir — puisqu'elle a été déportée à Auschwitz — comment à Ravensbrück, certaines chrétiennes ferventes, des Polonaises pour la plupart, ont osé se comporter sacerdotalement. Et lorsque dans son témoignage, Josefa Kantor décrit les activités religieuses de ces femmes, elle a ces mots inouïs : « À l'automne 1942, quand les détenues furent logées par nationalité, des cultes dominicaux commencèrent à être organisés dans certains blocs et quand la situation le permettait, ces prières étaient accompagnées de chants solos et choraux. Avec le temps, on vit surgir les fonctions de prêtre et de sacristain. »[7]

Quel secours, ces femmes n'ont-elles pas apporté à leurs compagnes et de quel courage n'ont-elles pas fait preuve, leurs « fonctions sacerdotales » les exposant aux pires sanctions, dont la moindre était la chambre à gaz…

Les Juifs, eux aussi à Auschwitz, disaient le Kaddish, murmuraient des psaumes et le *Chema Israël*. Nombre d'entre eux respectaient le Chabbat, et le payèrent souvent très cher. Ainsi par exemple le rabbin Kofman, dont la fille, Sarah, a rapporté la mort… « enterré vivant à coups de pioche, pour avoir refusé de travailler ce jour-là ; priant Dieu pour eux tous, victimes et bourreaux, rétablissant dans

7. Bernhard Strebel, *Ravensbrück. Un complexe concentrationnaire*, Fayard, 2005, p. 527.

cette situation d'impouvoir et de violence extrême un rapport qui échappait à tout pouvoir. Et cela leur a été insupportable qu'un juif, cette vermine, même dans les camps, ne désespère pas de Dieu. »[8]

En évitant au maximum les extrapolations, on peut encore se demander comment Édith Stein a réussi à dépasser, tout en l'assumant, l'accusation de « déicide ».

Peut-être, outre le secours de l'Esprit Saint, est-ce à la faveur de son enseignement sur «la personne » — qui lui demanda un investissement intellectuel et moral que nous ne pouvons au mieux qu'imaginer — qu'elle acquit, pratiquement à fin de sa brève carrière universitaire, cette exceptionnelle maîtrise de pensée, au paroxysme de l'angoisse, une pensée dont la concision rivalise avec une hauteur d'inspiration inégalée peut-être jusque là, et qui lui épargna le double piège de la rancœur et du désespoir .

L'équilibre, quel autre terme utiliser ? lui vint de son intelligence et d'une force morale décuplée par la foi et l'espérance, et cela parce qu'au moment de ce cours, Édith Stein avait déjà commencé à

8. Sarah Kofman, *Paroles suffoquées*, Galilée, 1987, p. 41-42.

dépasser le stade de l'intellectualité pure, et qu'elle adoptait, comme à son insu, un regard plus vaste et un jugement plus lucide.

C'est ainsi que, vraisemblablement, lui est venue l'idée de développer des thèmes traditionnels — la substitution et la communion des saints — mais en leur conférant toute leur radicalité.

Qu'est-ce que la substitution ?

Si Édith Stein reprend rapidement ce qu'elle avait antérieurement traité dans *La structure ontique de l'État* de la relation peine-faute au plan juridique[9], c'est maintenant en fonction de la foi la plus concrète, qu'elle développe le thème de « l'imperfection des membres de l'Église, aucun n'est assuré de pouvoir se passer de la générosité aimante des autres, ni les autres de la sienne. » « Chacun est responsable du salut de tous et tous les autres du sien. »[10]

Or, seul le Christ est mort pour tous et s'est substitué à nous. « Il a été fait péché pour nous » (2 Co, 5, 21) arrêtant à lui la peine que nous devrions subir : la perte de la grâce et même l'abandon du Père. Mais cette substitution, réalisée une fois pour toutes, se perpétue dans la communion des saints. Le saint qui « par surabondance d'amour [...] s'est amassé *un trésor dans le*

9. Voir l'immense note, p. 154-160.
10. *La structure ontique de la personne*, p. 48 et 47.

ciel peut faire bénéficier [les autres] de cette richesse, c'est-à-dire demander pour eux la grâce en raison de ses mérites.»[11] Édith Stein a pris soin de préciser qu'il ne s'agit pas de la revendication d'une «récompense», mais de la reconnaissance de la grâce insigne que l'accomplissement de la volonté de Dieu durant sa vie a méritée au saint.

Cependant dès la vie actuelle un saint peut «renoncer à ses mérites pour un autre, les déposer au pied du trône du Juge, de même qu'il est possible de prendre sur soi la faute d'un autre, c'est-à-dire se proposer comme celui que la peine doit atteindre.»[12]

Afin de favoriser la compréhension de ces derniers mots qui peuvent, une fois encore, paraître étranges, je vais raconter une histoire.

À Munich en 1931, au cours d'une tournée de conférences, Édith rencontra Gertrud von Le Fort, et s'est entretenue avec elle de sa nouvelle *La dernière à l'échafaud*, inspirée par le témoignage des seize carmélites de Compiègne, guillotinées en 1789, place du Trône à Paris. La narratrice hésitait sur le nom à donner à son héroïne: Blanche de la

11. p. 52.
12. Ibidem.

Chevalerie ? Blanche de la Force ? Peut-être les deux femmes en ont-elles parlé. Quoi qu'il en soit, il a été établi que c'est avec son amie, Petra Brüning, qu'Édith a évoqué la signification du nouveau nom que prennent les carmélites : Thérèse « bénie » de la Croix, par exemple…

Dans les *Dialogues des carmélites*, reprise magistrale en 1948 de *La dernière à l'échafaud*, Georges Bernanos donne à Blanche un nom prédestiné, Blanche de l'Agonie du Christ.

Blanche semble n'avoir qu'un but dans le climat de la Terreur : fuir le monde. À l'instigation de la très exaltée Marie de l'Incarnation, maîtresse des novices, elle prononce « le voeu du martyre », sans que la Prieure, souffrante et en proie à une angoisse mortelle, ait été consultée, elle qui avait dit un jour : « Une carmélite qui souhaite le martyre est aussi mauvaise carmélite que serait mauvais soldat le militaire cherchant la mort avant d'avoir exécuté les ordres de son chef. » C'est cette femme, littéralement « sainte », mourant au pire de la détresse, qui donnera sa vie, en quelque sorte, à la place de la petite Blanche : grâce à elle, en effet, Blanche montera, apaisée, la dernière à l'échafaud.

La substitution chez Bernanos trouve son illustration parfaite. Et la leçon de ce drame mystique est tirée par une autre jeune novice, sœur Constance, gaie, tonique, amie de Blanche, qui comprend les affres de l'agonie de la Prieure, incompréhensibles à d'autres yeux que les siens : « Nous ne mourons pas chacun pour soi, nous mourons les uns pour les autres et même à la place des autres, qui sait ? »

On imagine sans peine combien Édith Stein aurait aimé la pièce de Bernanos ! Elle aussi a désiré mourir martyre. C'était inscrit dans son tempérament et ce désir fut hypertrophié pendant la Shoah. En outre, Thérèse d'Avila n'avait-elle pas rêvé dans sa jeunesse de tomber sous les coups des Sarrasins en leur annonçant le salut ? Édith, c'est sous les coups des nazis qu'elle rêvait de tomber pour rendre gloire au Dieu vainqueur, en implorant sa miséricorde sur les bourreaux eux-mêmes au milieu de ses frères juifs.

Si l'on se reporte aux paroles de la Prieure de Bernanos, il faudrait considérer ce désir comme de l'orgueil. Était-ce là le dernier sceau qui retenait encore Édith Stein prisonnière d'elle-même, et prisonnière du meilleur d'elle-même ?

Édith Stein fut une femme hors du commun, libre et passionnée, excessive, il est vrai, et contrairement à nous dont les mesures sont rarement excessives, sauf dans la déraison. Pourtant, sans quelque excès, y aurait-il jamais de saints ou de héros, d'artistes, de chercheurs, d'explorateurs etc., autant d'hommes et de femmes mus par la passion, le désir de construire un monde habitable, mus aussi par l'amour, la solidarité héroïque, la volonté de justice et de vérité, qui font avancer le monde, malgré le mal acharné à défigurer et à avilir les êtres humains ?

C'est pourquoi la relation d'Édith Stein à son peuple fut l'épreuve décisive la plus dramatique.

Le peuple de Dieu

« Saint Joseph, Veille !

Le ciel pèse sur nous, lourd et sombre. [...]

Comme un cauchemar, la détresse oppresse le cœur. [...]

Des chênes qui plongeaient leurs racines
dans le cœur de la terre
Et élevaient fièrement leur cime jusqu'au ciel
Gisent maintenant déracinés et fendus.

L'abomination de la désolation tout autour à la ronde.

La tempête n'ébranle-t-elle pas jusqu'aux fondements
de la foi ?[13] »

13. *Le Secret de la Croix*, p. 110-111.

Datés du 19 mars 1939, ces quelques vers calligraphiés sur un petit livret de huit pages, le jour de la fête de saint Joseph que le Carmel invoque comme le protecteur de Marie et de tous ses enfants, traduisent un appel à la confiance, par-delà l'angoisse que suggèrent les fragments cités. (Le poème compte 43 vers).

Deux mois plus tôt, Hitler avait annoncé l'anéantissement de tous les Juifs d'Europe.

Aussi peut-on imaginer l'émotion d'Édith Stein et le sentiment de solitude qu'elle pouvait éprouver.

Repensait-elle à cette crise d'angoisse qui lui fit perdre la raison pendant la Nuit de Cristal ? Peut-être. Mais maintenant elle savait que Dieu n'abandonne jamais les siens et qu'il ne les avait jamais frappés de sa «malédiction». Seulement, elle avait aussi compris qu'elle subirait le même sort qu'eux, en consentant à la foi la plus nue, sans aucune compensation, «lumière obscure» scellée dans l'espérance et l'amour, au pied de la Croix. Et c'est de cette façon, et uniquement de cette façon, que Thérèse-Bénédicte de la Croix vécut sa relation à son peuple.

Elle s'exposait alors à n'être comprise de personne, à être rejetée, à rester seule, à connaître des heures de désespoir, comme le prophète Élie que l'Ordre carmélitain tient pour son fondateur parce qu'il inaugura son ministère sur le mont Carmel, après une période de persécution sous le roi Achab et son épouse Jézabel (-IXe siècle) et après un temps de désespoir. Ce sont les paroles d'Élie, revenu à lui-même, que prononcent les carmes et les carmélites le jour de leurs Vœux solennels et qui figurent sur l'emblème de l'Ordre : « Je suis rempli d'un zèle jaloux pour le Seigneur Sabaoth. » Édith Stein a commenté la rencontre du prophète avec Dieu (IR 18-19). « Par sa vie de pénitence, il expia les péchés de ses contemporains. L'outrage que le peuple égaré dans son idolâtrie inflige au Seigneur le frappe tellement qu'il souhaite mourir. Mais le Seigneur le console, comme il console ses seuls amis : il se montre à lui dans la solitude d'une montagne, se manifeste dans la brise légère après la tempête et lui communique sa parole de façon tout à fait claire. »[14]

Nous allons retrouver chez Édith Stein les thèmes de l'expiation et de la consolation. Avec Élie, Thérèse d'Avila et Jean de la Croix, elle monta sur la montagne — du Golgotha. Et là, elle accueillit la Parole de Dieu.

Si le Christ ne l'avait pas soutenue, jamais Édith Stein, si forte qu'elle fût, n'aurait pu remporter sur elle-même ce qui est, sans nul doute, sa plus grande victoire.

14. *Regards sur Édith Stein*, Bernard Molter, p. 45.

Victoire pourtant très contestée plus tard : ces thèmes en effet lui vaudront des réactions ironiques, acerbes ou scandalisées.

Ironie, par exemple, du romancier et critique Yann Moix[15], qui n'hésite pas à qualifier Édith Stein d'hystérique, obsédée par le désir de toucher le Christ, de le manger avec une jouissance sexuelle quand elle communie à son corps — jouissance attestée, nous dit-on, par tant de femmes sincères. Mieux : elle adore tellement Jésus, son « mec » (sic), que dans ses visions, elle le voit à Auschwitz, l'implore, et il lui répond : « il lui répond avec des larmes, des barbelés, des coups de crosse, des aboiements de chien : qu'il l'aime. »[16] Restons-en là.

Plus intéressante, la réaction de Raphaël Draï, un universitaire, qui dans un chapitre de son livre[17] regarde Édith Stein d'un point de vue psychanalytique à travers le prisme de l'Oedipe. L'absence de son père (Édith avait deux ans à sa mort) « provoquera un manque que toute sa vie elle cherchera à combler en se tournant vers des figures et des milieux d'attachements substitutifs. »[18] « Ses premiers transferts, les plus intenses, se produiront soit sur des juifs convertis ou en voie de

15. *Mort et vie d'Édith Stein*, Grasset, 2007.

16. p. 150.

17. *3 Lettre ouverte au cardinal Lustiger. Sur un autre révisionnisme,* Alinéa, 1989.

18. p. 107.

conversion, tel le couple Conrad-Martius — soit sur des maîtres intellectuels coupés de leur origine juive, comme Husserl. » De cela, il est déduit qu'elle ne pouvait être qu'une « philosophe disloquée », ce qui engendrera son errance devant le judaïsme : « Édith Stein ignorait tout de la pensée juive. [...] La méconnaissance et l'esprit de dénégation dont elle fit preuve à l'encontre du judaïsme ne sont pas seulement d'une extrême gravité sur le seul plan de la méthode philosophique. Cette gravité naît de ce que ses carences entretinrent chez Édith Stein les structures d'une pensée proprement délirante à propos de l'existence juive, dans un temps de persécution où cette existence était menacée d'anéantissement. »[19]

Ces remarques acerbes méritent attention, parce qu'elles présentent une analyse acceptable des difficultés qu'Édith Stein rencontra durant son enfance et son adolescence. Mais, on peine à suivre Raphaël Draï, lorsqu'il parle du « délire » d'Édith Stein à propos de l'existence juive. Qu'elle ait parfois développé des thèmes et déployé des images qui peuvent gêner — je l'ai dit moi-même cent fois — ne signifie pas qu'elle ait méconnu le judaïsme ni, et moins encore, qu'elle se soit acharnée à en dénier la réalité ! La seule chose qui puisse lui être « reprochée », c'est sa conversion : une décision qu'elle prit en toute conscience, puisque pour

19. p. 109.

elle, il s'agissait d'une réponse à un appel de Dieu, le Dieu de la Bible hébraïque et de l'Évangile, le même Dieu et la même Alliance, la première annonçant le seconde. Ce que ne peuvent comprendre les Juifs, même les plus sensibles…

C'est pour cette raison que la réaction du grand rabbin honoraire René-Samuel Sirat, fut la plus émouvante lors de son intervention à New York, le 20 octobre 1998, en réponse au pape Jean-Paul II qui venait de canoniser Édith Stein :

« Non ! Édith Stein n'est pas « une éminente fille d'Israël » […] Édith Stein a délibérément rompu au début des années 30 avec la foi de ses ancêtres, avec l'identité religieuse de son peuple, même si le sort tragique des Juifs durant la Shoah l'a atteinte elle aussi. Nous sommes tous pleins de compassion pour les souffrances de cette chrétienne et pour celles de sa sœur, morte elle aussi à Auschwitz, mais de grâce qu'on nous laisse le droit de décider qui est Juif et qui ne l'est pas ! Or un Juif qui se convertit à une autre religion rompt *ipso facto* avec son appartenance à notre peuple. […] Bien sûr, le retour est toujours possible et durant la longue histoire des persécutions subies par les Juifs, nous connaissons de nombreux cas de Juifs convertis qui, plus tard, ont fait acte de contrition et sont revenus à la foi de leurs ancêtres.

Mais ce n'est pas le cas d'Édith Stein ! et il ne faudrait que les critères des bêtes féroces n'ayant que l'apparence d'êtres humains — je veux parler de SS — continuent d'être déterminants : on nous dit qu'ils ont voulu punir les évêques de Hollande de leur déclaration favorable aux Juifs et c'est la raison pour laquelle ils ont déporté Thérèse-Bénédicte de la Croix ? [...]

C'est pourquoi le choix de la date du 9 août, jour de la disparition d'Édith Stein — ne pouvait que nous blesser très profondément. [...] Je vous en prie, évitez tout ce qui pourrait ressembler de près ou de loin à la christianisation de la Shoah ! »[20]

Oui, elle était émouvante cette réaction, parce qu'elle procédait d'une vraie colère biblique et d'une vraie douleur. Personne en effet ne devrait se permettre de « christianiser » la Shoah. Ce fut une réalité catastrophique (Shoah signifie « catastrophe ») qui aujourd'hui appartient, d'abord, aux Juifs. Mais qui appartient aussi à l'Histoire et donc regarde, non seulement les autres déportés qui eurent à subir les mêmes humiliations et les mêmes souffrances et moururent eux aussi en très grand nombre dans les chambres à gaz ou de mille autres manières — mais qui regarde en même temps chacun de nous. C'est

20. Texte inédit que j'ai pu lire grâce à un ami prêtre présent à New York. (Il me disait que les rabbins ne partageaient pas unanimement l'opinion du grand rabbin René-Samuel Sirat...)

donc en contrepoint de ces accusations que j'avancerai quelques remarques.

«L'ombre de la Croix» qu'Édith Stein crut voir un jour recouvrir son peuple s'était effacée en elle depuis longtemps. Comment ?

Premièrement, parce que cette ombre avait retrouvé chez elle son vrai sens chargé non pas de menaces, mais d'une foi absolue en la miséricorde à l'égard des Juifs, des chrétiens et de tous les hommes, la «désobéissance» des uns et des autres étant universelle. Deuxièmement, Édith Stein a vécu de la certitude de Paul qui affirme que «dans sa chair [Jésus] a détruit le mur de séparation» (Éph, 2, 14-16) et que par la Croix, il a greffé sur lui «l'olivier sauvage» (les païens) et en lui «l'olivier franc» (les Juifs). Troisièmement, son désir d'expiation peut se concevoir dans le contexte de la persécution effroyable que redoubla le pressentiment d'une nouvelle guerre mondiale. C'est en ce sens qu'Édith Stein écrivait dans son testament rédigé à Echt, le 9 juin 1939 : «J'offre ma vie en expiation pour le refus de foi du peuple juif ; [...] pour le salut de l'Allemagne et pour la paix du monde.» Elle souhaitait seulement alors prendre sur elle «le péché» d'Israël et les crimes des persécuteurs, parce que dans les deux cas — et même s'il existe entre eux un abîme de différence — ils représentent un rejet du Dieu révélé en Jésus Christ : mystère insondable du refus des Juifs, d'une part et crime contre l'humanité, donc contre Dieu, d'autre part.

Que les plus croyants des Juifs réagissent à une pareille lecture de leur histoire, qu'ils puissent voir en Édith Stein une femme esclave de son propre aveuglement et de son « délire » parce qu'elle avait méconnu les Livres Saints, et qu'ils puissent dire qu'elle s'était prétendue juive alors qu'elle ne l'était plus, on peut le comprendre.

Il n'en reste pas moins qu'elle était à la fois juive et chrétienne.

Et qu'elle l'est restée jusqu'au bout.

C'est pourquoi aussi elle fut consolée.

« Viens, nous partons pour notre peuple ! »

Ce sont les mots, célèbres entre tous, qu'Édith Stein dit à sa sœur Rosa, quand la Gestapo vint les arracher au monastère d'Echt, le 2 août 1942. « Elle lui donnait littéralement part à la détermination grave et sereine qui l'habitait. [...] Elle imprimait d'avance sur leur mort à toutes deux le sceau d'une appartenance jamais reniée, bien plutôt approfondie au cœur de la plus parfaite et intense foi au Christ. »[21]

Tout ce que nous avons vu du désir pathétique d'Édith Stein d'intercéder pour son peuple et de mourir pour lui, je vais maintenant le reprendre en suivant deux voies : la vénération avec laquelle elle lut la Bible en chrétienne, c'est-à-dire en y voyant l'annonce du Christ-Messie, et la fierté qui était la sienne d'appartenir au peuple juif.

Dans *La Prière de l'Église*[22], Édith Stein confie avec quelle émotion elle avait réalisé combien Jésus fut un Juif pieux et fidèle à la Loi. Elle-même, avant de s'écarter du judaïsme, avait été marquée par les grandes fêtes de l'année, en particulier le Kippour que sa mère préparait à la maison. Puis, parlant de la Cène et de l'action de grâces du Christ, elle écrit : « En lieu et place du Temple de Salomon, le Christ a édifié un temple de pierres vivantes : la communion des saints. Il se tient en son milieu comme l'éternel Grand-Prêtre, tout en étant lui-même, sur l'autel, le sacrifice perpétuel. […] Nous voyons […] comment le *sacrifice*, le *repas sacrificiel* et la *louange de Dieu*

21. Michel de Goedt, article du numéro 49 de la revue Carmel, 1988. (On traduit parfois « nous partons *avec* notre peuple ». Mais, étant donné qu'il est impossible de savoir exactement ce qu'Édith Stein a pu murmurer à sa soeur, j'ai opté pour la traduction de M. de Goedt, mieux adaptée m'a-t-il semblé).

22. Herder, 1987, en français, Ad Solem, 1995.

sont intrinsèquement liés. La participation au sacrifice et au repas sacrificiel fait de l'âme une pierre vivante de la Cité de Dieu — de chaque âme elle fait un Temple de Dieu. »[23]

Les exégètes juifs protesteraient sûrement devant cette interprétation. Mais Édith Stein n'était pas une exégète, et c'est en mystique chrétienne qu'elle s'attachait à voir dans la Bible ce que celle-ci renferme de signes annonciateurs du Messie, venu et présent parmi nous.

Elle aimait de tout son cœur et de toute son âme le peuple choisi par Dieu pour être son témoin, elle l'aimait d'un amour, scellé sur la Croix, dans sa foi au Ressuscité.

« Vous ne pouvez croire ce que signifie pour moi d'être fille du peuple de Dieu, d'appartenir au Christ non seulement par des liens spirituels, mais aussi par le sang. [...] Vous ne pouvez pas ressentir ce que signifie pour moi le fait que Marie, mère de Dieu, soit une Juive. »[24]

Jamais Édith Stein ne se serait ralliée à ce qu'écrivirent au sujet de l'élection deux autres Juives

23. p. 33-38.
24. Citation chez Michel de Goedt, revue Carmel, p. 28.

célèbres, Simone Weil et Hannah Arendt, l'une et l'autre, il est vrai, en rupture totale avec le judaïsme. La première soutenait que «les Hébreux ont pour idole, non du métal ou du bois, mais une race, une nation, chose tout aussi terrestre. Leur religion est dans son essence inséparable de cette idolâtrie, à cause de cette notion de peuple élu. » La seconde interprétait cette revendication comme «une aversion secrète contre la normalité [...], le privilège d'être autre.»[25]

En 1938, Édith Stein avait rêvé d'émigrer en Israël. L'aurait-elle pu, elle ne serait pas partie par idolâtrie ou orgueil de se sentir autre, mais par amour de cette terre où Jésus était né et d'où elle tirait des racines ancestrales. À ce sujet, Michel de Goedt déplore la méprise selon laquelle on croirait pouvoir déceler dans les fragments de lettres d'Édith Stein, à l'instant cités, des «traces de chauvinisme ou d'un quelconque biologisme pseudo-théologique. [...] Ni privilège, ni supériorité, mais charisme qui visibilise et redouble, pour ainsi dire, cette vérité de foi: que le Verbe est venu parmi les siens, pour les Juifs d'abord, son peuple, pour les non-Juifs ensuite, pour tous les hommes ainsi réconciliés en Lui. [...]

25. Citations chez Sylvie Courtine-Denamy, *Trois femmes dans de sombres temps*, p.169-170 et 176.

Dans un amour indissociable pour les siens (les siens à Lui, les siens à elle, c'est tout un), elle s'est assise à la table de son peuple pour y manger le pain de l'amertume. »

Michel de Goedt appartient à cette catégorie de théologiens que l'on pourrait difficilement suspecter de « concordisme » ou, et moins encore, de « récupération » de la Shoah au bénéfice de l'Église — à l'inverse des remous que les médias se sont fait un devoir de répercuter amplement au moment de la canonisation d'Édith Stein. La conférence qu'il donna à Auschwitz, le 9 septembre 1999, est à cet égard remarquable de netteté : « Si le peuple de Dieu a été « mis à l'écart », c'est-à-dire « assumé » par Dieu dans un mystère de salut pour tous les hommes, c'est dans l'attente du Sauveur qui « viendra de Sion », sans nul doute ; il viendra pour Jacob et renouvellera l'Alliance avec lui. Par leur « assomption » céleste, les Juifs partageant leur citoyenneté de « droit » d'élection première avec les Nations, citoyennes de « droit » de grâce seconde. Il n'y aura plus que l'unique Israël de Dieu enfin sorti du temps de l'épreuve. »[26]

26. Conférence inédite.

Je voudrais, avant de finir, regarder avec les yeux d'Édith Stein comment elle-même se représentait son rôle de lien, de pont, entre les deux religions issues de l'Alliance. Dans cette intention, je me suis reportée au livre d'une carmélite, sœur Cécile Rastoin, *Édith Stein et le mystère d'Israël*, précédemment cité. L'auteur en imaginant ce rôle, porte l'accent sur le défi du paradoxe d'Édith Stein, assassinée parce que juive et d'autant plus chrétienne qu'elle était juive. (Et inversement).

L'essentiel de cette étude tient au commentaire d'une saynète composée par Édith Stein à Echt en 1941, *Dialogue nocturne* (non traduit) dont le personnage central est Esther, la reine biblique, à qui Édith s'était identifiée depuis longtemps et qui porte en sa mémoire son oncle Mardochée, auquel elle identifie sa mère.

Esther, « errante et suppliante », vient frapper à la porte d'un carmel. Elle demande instamment aux religieuses de prier pour son peuple menacé d'anéantissement et pour qu'adviennent la justice et la paix de Dieu. Accueillie, elle raconte la vie de Mardochée (Augusta) qui lui apprit à aimer Dieu et son peuple.

Nous sommes en juin 1941. Environ un an avant sa mort, Édith Stein rend donc une dernière fois hommage à sa mère et, à travers elle, au judaïsme, comme elle l'avait fait peu de temps auparavant dans la *Vie d'une famille juive*. Ajouterais-je que, contrairement aux murmures malveillants, jamais Édith n'a cherché à convertir sa mère, ni que jamais elle n'a entraîné Rosa à demander le baptême ! Quand on connaît un peu les personnalités d'Augusta, « vraie mère juive » et de Rosa, « le lion », quand on sait un peu le souci et le respect d'autrui qui étaient ceux d'Édith Stein, on trouve très lourds de tels chuchotements.

Mais cela ne veut pas dire qu'elle était indifférente aux décisions de foi de ceux qui l'entouraient. Sa famille, ses amis, elle les respectait dans leur liberté, et pourtant il est sûr qu'elle a souffert de l'incrédulité des Juifs, comme de l'infidélité des chrétiens à leur vocation, et d'autant plus profondément que sa foi s'est développée à partir de son héritage hébraïque.

« Je vis croître l'Église à partir de mon peuple comme un tendre rameau qui s'épanouissait » fait-elle dire à Esther. (« Un tendre rameau », si vite chargé d'épines ...)

Mais elle savait dans la contemplation du Golgotha que les fruits de la Croix ne seraient visibles qu'à la fin des temps, quand tout sera accompli de la Promesse. Et c'est cela qu'elle laisse entr'apercevoir à Esther : un jour, la Synagogue et l'Église seront réconciliées.

« L'Église s'est épanouie mais mon peuple
pour la plus grande part, demeure à l'écart,

se tenant à distance de notre Seigneur
et de sa mère en ennemi de la Croix.[27] [...]
Et nous nous reverrons en ce jour solennel
quand sur la tête de la reine du Carmel
la couronne d'étoiles étincellera
de l'éclat le plus vif car les douze tribus
auront enfin découvert leur Seigneur.[28] »

C'est pourquoi, sans minimiser les paroles du grand rabbin Sirat, mais en partageant l'espérance d'Édith Stein, il est sûr que sa canonisation renvoie les catholiques et tout homme de bonne volonté à l'exigence de ne s'approcher d'Auschwitz qu'en tremblant et dans le silence. « Un silence scellé de sept sceaux, conclut Cécile Rastoin, que nul homme ne peut desceller... Nous pouvons seulement espérer que les sceaux en seront levés par Celui qui est la Parole. »[29]

Que dire alors de cette idée aberrante que fut l'installation d'un carmel dans l'enceinte du camp d'Auschwitz ? (Carmel heureusement déplacé à

27. L'expression « ennemis de la Croix » est à resituer dans le contexte paulinien (Rm, 11,28) : « Par rapport à l'Évangile, les voilà ennemis, et c'est en votre faveur ; du point de vue de l'élection, ils sont aimés, et c'est à cause de vos pères. »

28. p. 118.

29. p. 141-142.

la suite de l'intervention du pape Jean-Paul II, de plusieurs évêques polonais et du cardinal Lustiger). Et de cette autre idée, encore plus aberrante de militants catholiques polonais qui avaient décidé d'implanter « plus de trois cents croix » sur le terrain de l'ancienne Gravière ? se scandalisait, à si juste titre, Élie Wiesel. (Des croix, elles aussi retirées).

Notre expédition dans les demeures d'Édith Stein touche à sa fin. Il ne me reste plus qu'à évoquer trois événements : l'allocution qu'elle prononça devant les carmélites d'Echt, le 14 septembre 1941, jour de l'Exaltation de la Sainte Croix ; l'image que gardèrent d'elle des témoins qui l'aperçurent au camp de transit de Westerbork ; une anecdote enfin, vraisemblable mais dont la valeur est surtout symbolique.

L'allocution

On s'étonne, une fois de plus, de ce que sa Supérieure ait demandé à Édith Stein de s'exprimer publiquement à l'occasion du renouvellement de leurs Vœux, et de rappeler aux religieuses les trois exigences de pauvreté, de d'obéissance et de virginité, auxquelles elles s'engagent en entrant au Carmel.

Mais le lecteur est surtout ému de percevoir

sous l'autorité impressionnante des paroles, le pressentiment de ce qui allait se produire et, pour la première fois, derrière le « nous » collectif le propre renoncement d'Édith Stein au martyre, ainsi que l'acceptation libre et volontaire de son destin.

« [...] la pauvreté nous demande d'êtres prêtes à quitter même le couvent familier. [...] Pour Dieu, la clôture est sans importance car il a d'autres murs pour nous protéger. [...] Si nous étions jetées à la rue [...] le Seigneur posterait ses anges autour de nous. [...] Nous n'avons pas à désirer cela. [...]

L'obéissance du Christ à son Père qui voulut qu'il soit soumis aux hommes, est le modèle de toute obéissance car elle « est établie par Dieu [qui] libère la volonté asservie au monde et lui rend sa liberté. C'est par conséquent le chemin de la pureté du cœur. »

La virginité des moniales « procède de l'éternelle Virginité » du Verbe. [...] L'amour du Christ les pousse à descendre dans la nuit la plus noire, et aucune joie maternelle sur terre n'est comparable à la félicité de l'âme qui peut faire jaillir dans la nuit du péché la lumière de la grâce. La Croix est le chemin qui y conduit. C'est au pied de la Croix que la Vierge des vierges est devenue la Mère de la grâce. »[30]

On comprend pourquoi ce chemin sur lequel

30. *La Crèche et la Croix*, p. 83-90.

marchait Édith Stein pourra laisser à ceux qui la verront une image inoubliable.

La dernière image

À cette heure ultime et dans l'horrible camp de Westerbork, des hommes et des femmes — les mères serrant leurs enfants ou leurs tout petits dans leurs bras — arrêtés en même temps qu'Édith et Rosa, attendent d'être déportés « vers l'Est ».

Une femme raconte :

« Ce qui distinguait Édith Stein des autres sœurs, c'était son attitude silencieuse. [...] elle donnait l'impression de traîner un très grand poids de souffrance, que même s'il lui arrivait de sourire, cela vous attristait encore plus. Elle ne parlait presque jamais, simplement elle regardait souvent sa sœur Rosa avec une tristesse indicible. En écrivant cela, la pensée me vient qu'elle prévoyait ce qui l'attendait ainsi que les autres. »[31]

Un homme :

« Tout son extérieur — je la revois encore assise dans la baraque — éveillait en moi la pensée d'une

31. *La folie de la Croix*, p. 37.

Pietà sans Christ. Une Mater Dolorosa dont l'âme est transpercée par le glaive de la souffrance. Elle ne tient pas dans ses bras le Christ mort ; elle est profondément liée à ceux qui souffrent. Sa souffrance, c'est leur souffrance. »[32]

C'est donc dans la douleur et le silence qu'Édith Stein devait parvenir au terme de sa vie. Sans doute, comme bien des témoignages, ceux-ci sont-ils aussi convaincants qu'incertains. Cependant ils dessinent des images suffisamment concordantes pour être tenus pour vrais, malgré les souvenirs lointains que ces deux témoins ont pu garder d'Édith Stein. Quoi qu'il en soit, personne ne saurait douter qu'Édith ait fini sa vie dans la compassion et l'extrême souffrance.

Une anecdote enfin

Il s'agit de l'éventuelle rencontre d'Édith Stein et d'Etty Hillesum dans ce même camp de transit policier de Westerbork. Comme pour la Pietà à propos de laquelle nous disposons de témoignages différents, mais accordés au sujet de l'attitude d'Édith

32. *Édith Stein à la lumière du Ressuscité*, Wilhelmine Boehm, Médiaspaul et Paulines, p. 109-110.

Stein et des impressions ressenties, mais plus tard interprétées, sa rencontre hypothétique avec Etty Hillesum demande à être revue à une distance plus grande encore.

À vrai dire, la rencontre a déjà été évoquée. Sylvie Germain par exemple, la mentionne dans sa biographie d'Etty Hillesum, qui comporte un sous-chapitre sur Édith Stein, mais largement consacré à la vie et à l'itinéraire de la philosophe.[33] D'Etty Hillesum, l'auteur relève un fragment de son Journal, tenu de 1941 à 1943, titré *Une vie bouleversée*, où est rapportée l'arrivée à Westerbork d'un « transport » de catholiques juifs, « nonnes et moines portant l'étoile jaune sur leur habit conventuel. »[34]

De façon beaucoup plus développée, Marguerite Lena, philosophe et membre de la communauté apostolique Saint-François-Xavier, dans un article de la revue *Études* de juillet-août 2004, *La trace d'une rencontre*, cite et commente un autre passage de la même lettre d'Etty Hillesum (non publié en français), où l'on peut lire : « [rencontré aussi] deux religieuses, appartenant à une famille juive très orthodoxe, riche et très cultivée de Breslau, avec

33. *Etty Hillesum*, Pygmalion. Gérard Wateret, 1999.

34. *Lettres de Westerbork*, édition de poche, Point/Seuil, p. 35. (Précisons que Rosa n'a jamais été religieuse : elle fut reçue au carmel d'Echt comme « religieuse converse », c'est-à-dire qu'elle avait essentiellement la responsabilité des tâches domestiques de la communauté).

l'étoile jaune cousue sur leur habit monastique. Les voilà qui retrouvent leurs souvenirs de jeunesse. »

Je signale tout de même deux erreurs et une énorme bévue : la famille d'Édith Stein n'était pas si « riche » que cela, ni, pour tous ses membres, « très orthodoxe » et « très cultivée », enfin je vois mal les deux sœurs « retrouvant » à Westerbork « leurs souvenirs de jeunesse » ! (À moins que ces derniers mots n'aient trahi de l'amertume ?...) De toute façon, Etty Hillesum ne connaissait ni Édith ni Rosa.

En raison de son indifférence et de sa disponibilité, on l'avait choisie pour le conseil juif d'Amsterdam, dont le travail consistait à enregistrer tous les Juifs. (Je reviendrai bientôt sur ce point délicat). Dans l'immédiat, rappelons — car c'est particulièrement intéressant — que le prénom « Etty » est un diminutif d'Esther qui signifie en hébreu « la cachée », et qu'Édith Stein avait imaginé un rôle nouveau pour Esther, la reine biblique, dans sa saynète *Dialogue nocturne,* et ajoutons que dans l'une de ses lettres de Westerbork, datée du 18 août 1943, Etty remercie Dieu d'avoir permis que sa vie « se soit muée en un dialogue ininterrompu » avec lui. *Dialogue* ininterrompu et *nocturne*...

Autrement dit, les deux femmes que tout pourtant séparait, se sont rejointes en Dieu, au terme de leur vie.

Qui était Etty Hillesum ?

Elle ne ressemblait en rien à Édith Stein, même si sa soif de liberté est également l'une de ses caractéristiques. Mais il s'agissait pour elle d'une liberté à tout vent, revendiquée d'abord pour jouir de son corps dont la capacité de plaisir lui avait été révélée par son amant de prédilection, Julius Spier, un homme extrêmement cultivé qui décupla chez elle le désir d'apprendre et de comprendre. Juif, comme elle et à peine plus croyant qu'elle, il n'initia à la Bible et lui fit même lire les *Confessions* de saint Augustin, ainsi que quelques textes de méditation. Elle-même connaissait des passages de l'Évangile et adorait la poésie, celle de Rilke tout spécialement. Mais elle dilapida sa vie, sans nullement se soucier de la question juive, du moins jusqu'à un certain moment.

Néerlandaise, née dans une famille, cette fois très cultivée et plutôt aisée, elle ne pensait qu'à elle-même (et à Julius) et les gens, en général, ne l'intéressaient pas. C'est pourquoi, la première fois que je l'ai lue, il y a bien longtemps, je ne saurais dire qu'Etty Hillesum m'ait beaucoup captivée…

Et voilà qu'à cause d'Édith Stein, j'ai relu *Une vie bouleversée* et les *Lettres de Westerbork*, me demandant alors comment une jeune femme de vingt-cinq ans, intelligente, lucide, généreuse, affirment ses biographes, et d'une force de caractère peu commune, avait pu se laisser prendre dans la souricière des conseils juifs. Avant de montrer sous la puissance de quels facteurs affectifs et moraux elle en a réchappé, il faut dire deux mots du camp de Westerbork.

Au début de 1939, Westerbork avait été ouvert pour accueillir des réfugiés d'Allemagne et d'autres pays européens, afin de prévoir pour eux une nouvelle émigration. Mais lorsque les Pays-Bas furent occupés, ce camp qui dépendait du gouvernement néerlandais, passa sous la tutelle allemande et devint un lieu de transit vers les camps de la mort de Pologne et d'Allemagne.

Pendant ce temps, Etty, l'éternelle adolescente-étudiante qui résidait à Amsterdam, était entrée au conseil juif où on l'affecta au service des affaires culturelles. Dans ce qu'elle appelle « ce merdier », elle s'aperçut très vite du rôle de délatrice qu'on attendait d'elle : les fonctionnaires du conseil, en effet, étaient chargés d'établir des listes de tous les Juifs, en attendant qu'ils soient envoyés ailleurs. Ailleurs, c'est-à-dire d'abord à Westerbork, puis à leur ultime destination.

C'est vers cet « ailleurs », qu'écoeurée, consciente de s'être compromise par sa position de privilégiée et remplie de « honte », comme elle l'écrit, Etty Hillesum décida de partir dans l'intention d'apporter aux Juifs — qui maintenant comptaient plus que sa propre vie — le plus de soutien possible.

En d'autres termes, la jeune étourdie, superficielle

malgré toutes ses connaissances, qui se jouait de tous et de tout, « se mua » en amie pleine de compassion.

On atteste effectivement que parmi les milliers de déportés entassés dans d'immondes baraques, Etty Hillesum se révéla le prochain des plus désespérés et des plus fragiles : les mères et leurs enfants, les vieillards et les infirmes.

En cela, elle ressemblait, peut-être, à Édith Stein, quoique personne ne sache grand-chose de ce qu'elle a pu faire durant les trois jours qu'elle passa dans ce camp. (Hormis tel hagiographe se rappelant « son visage d'ange », quand elle allait de l'un à l'autre !) Mais Etty lui ressemblait, peut-être, car on dit qu'Édith s'occupait elle aussi un peu des enfants — comme elle le pouvait compte tenu de son épuisement, et parce qu'elle avait près de trente ans de plus qu'Etty Hillesum.

C'est une illusion que de croire que les saints sont toujours debout, impavides et forts : ils sont comme tout le monde vulnérables, précisément en raison la fragilité et de la finitude de tous les êtres humains.

Si Édith Stein, accablée d'affliction pour les siens, était identifiable à la Mère des Douleurs, Etty Hillesum, souffrant elle aussi pour les siens, resta jusqu'au bout tonique, pleine d'entrain, enthousiaste devant la vie, et elle apparaît en même temps grandie par l'épreuve.

On le voit dans sa lettre du 3 juillet 1943, donc

quatre mois avant sa mort : « Je voudrais seulement vous dire : oui la détresse est grande, pourtant il m'arrive souvent, le soir, quand le jour s'est évanoui dans les profondeurs, de longer d'un pas souple les barbelés avec dans mon cœur une sorte d'enthousiasme (je n'y puis rien, cela vient d'une force élémentaire) : la vie est une chose merveilleuse et grande, après la guerre nous aurons à construire un monde entièrement nouveau et, à chaque exaction, chaque nouvelle cruauté, nous devrons opposer un petit supplément d'amour et de bonté à conquérir sur nous-mêmes. »[35]

En elle, à ce moment, Dieu était présent en « des sources cachées ».

Cette belle image se découvre aussi chez Édith Stein : « Notre temps se voit obligé, quand tout le reste a échoué, de placer son dernier espoir de salut en [des] sources cachées. »[36]

Ainsi, Esther, « la cachée » et Édith, « la secrète », de séparées qu'elles étaient, se sont-elles rejointes mystérieusement.

Et ce symbole suggère à merveille qu'il ne peut exister de rencontre vraie qu'entre des êtres tournés

35. *Journal* et *Lettres*, Seuil pour la traduction française, 1985, p. 235.

36. Citation dans les *Œuvres spirituelles*, Cerf, 1999, p. 69.

vers les autres, proches et compatissants, dans une liberté, fruit d'un don de soi.

Deux libertés se sont croisées à Westerbork.

Auschwitz à jamais les a scellées.

Conclusion

> «Ce que nous saisissons du *sens des choses*, ce qui *entre dans notre intelligence*, se comporte par rapport à cet ensemble intelligible comme quelques sons perdus d'une symphonie lointaine apportés par le vent.»[1]

Cette phrase magnifique d'Édith Stein résume l'essentiel de l'ouvrage qui s'achève, puisque que non seulement notre «sens des choses» est limité, mais combien davantage notre sens des êtres et la compréhension que nous pouvons en avoir ! Elle disait que la compréhension est «une expédition» dans le domaine des valeurs et de la personnalité de chacun. Elle disait vrai...

Je me suis alors fiée à l'*Einfühlung* ou, pour prendre un autre terme presque identique, à ce que Paul Ricoeur appelle «la sympathie intellective». Et c'est en usant de cette sympathie intellective et

1. *Être fini et Être éternel*, p. 118-119.

intuitive que les paradoxes et les énigmes d'Édith Stein m'ont rejointe, parce que j'y ai vu la marque de sa liberté, une liberté de surcroît communicative.

Le lecteur a aussi constaté qu'en Édith Stein rien ne pouvait être dissocié. On peut aimer en même temps la philosophe exigeante et puissante, la femme moderne et libre, sensible et d'une si grande générosité de sentiments et la sainte passionnée, éprise d'absolu, qui vécut sa propre souffrance avec le Christ dans la même communauté de destin, unie à lui dans l'éternelle présence de Dieu. Et parvenue avec lui « à des commencements qui n'auront plus de fin ».

Aussi pouvons-nous, avec quelques nuances, nous sentir de plain-pied avec Édith Stein. Elle est une grande figure fraternelle, non pas du passé, mais du présent, et du présent à un double titre : elle fut une femme moderne *et* libre, autant dire que les femmes de notre temps et les hommes soucieux d'accompagner leurs compagnes dans leur simple désir d'exister, ont toutes les raisons de saluer en elle une alliée et une amie.

Édith Stein en effet est moderne par la façon dont elle concevait le rôle des femmes dans la société et dans l'Église, l'indépendance et la liberté avec lesquelles elle usa de sa raison et parce qu'elle se situe dans le sens de la marche de l'Histoire, au plan politique (quoique là, non sans hésitation) et au plan religieux. C'est donc l'image d'une femme adulte, mûrie par les bouleversements tragiques de l'Allemagne et de tant de pays, qui se dégage de ses réflexions marquées — cela va sans dire — du sceau de sa personnalité.

Pour revenir un instant à son féminisme, il est possible de penser que ce qui l'intéressait surtout, c'était moins « la destinée de la femme » globalement présentée par elle de façon assez conventionnelle — hormis les fameuses questions du sacerdoce et de la Mère de Dieu — que celle de l'être humain en général face à sa soif de pouvoir, de savoir et d'avoir. Du reste, elle développa ce thème dans un cours si brillant sur le *Faust* de Goethe qu'il a été publié de son vivant[2]. La philosophe veillait donc toujours, davantage occupée de questions ontologiques que de problèmes plus circonscrits, limités à ce qui sans doute lui semblait dans les années 1920-1930, des circonstances ponctuelles, non encore suffisamment inscrites dans les faits, les mentalités et les mœurs.

Quant à la recherche proprement philosophique,

2. *Nature et surnature dans le Faust de Goethe*, 1932, non traduit.

Édith Stein la pratiqua avec la plus totale liberté, à une époque où prédominaient «la pensée unique» et «le politiquement correct». Si la phénoménologie l'a passionnée, c'est précisément parce qu'elle s'écartait des différentes variantes du néo-kantisme, du criticisme et de la néo-scholastique, ainsi qu'elle l'écrivait dans *La signification de la phénoménologie comme conception du monde*.[3]

Je voudrais, d'un autre point de vue, examiner maintenant l'étrange réaction de Roman Ingarden après la conversion de son amie: «Tragique finale ! En philosophie on ne peut rien admettre dont l'évidence absolue — après une analyse complète — ne peut être établie.» Soit. Mais quand Édith Stein s'est convertie, c'était pour accéder à une autre évidence (le mot vient de *ex videre*, voir à partir de), qui se manifeste au regard de la foi: Dieu se donnant à voir dans ses œuvres et l'incarnation de son Fils, et à entendre dans sa Parole. Édith Stein accréditait ainsi les deux convictions de saint Anselme, selon lesquelles la foi est *quaerens intellectum* (cherchant l'intelligible) et est en même temps requise pour comprendre ce qui existe en l'homme et dans le

3. *Phénoménologie et philosophie chrétienne*, p. 8-9.

monde, *credo ut intelligam* (je crois pour comprendre).

Laissons à Roman Ingarden le temps de rectifier son jugement (ce qu'il fit d'ailleurs) et poursuivons.

J'ai dit à plusieurs reprises que les analyses d'Édith Stein portant sur la personne et la liberté sont une clé de lecture ouvrant bien des espaces de ses livres, qu'elles relèvent de sa raison personnelle et que ces analyses illustrent la phénoménologie, c'est-à-dire la description des phénomènes impliqués dans l'expérience concrète des choses, des sentiments, des valeurs, de Dieu lui-même.

Au fur et à mesure de l'évolution qui la conduisit de la recherche philosophique à la théologie et à la mystique, sa pensée, sans rien abandonner de la phénoménologie, changea d' « ordre », de « genre ». Ce qui signifie que pas plus qu'elle ne trahissait le judaïsme en demandant le baptême, elle ne trahissait la philosophie en entrant au Carmel. Au contraire, c'est au Carmel qu'elle atteignit « la vraie vie », c'est-à-dire, ainsi que l'écrit Paul Ricoeur, « une vie accomplie, ce couronnement [qui] est la fin ultime de l'action [de l'homme].»[4]

Pour Édith Stein, d'évidence, l'éthique—qui selon Ricoeur, prévaut sur la morale, laquelle vise d'abord la norme—lui donna accès à cette «vraie vie», faite de sollicitude envers les autres, de sympathie, de compréhension, d'absence de jugement (hormis les cas de folie meurtrière) et de recherche d'institutions justes susceptibles de «protéger» les États de leurs dérives.

C'est pourquoi, si elle avait connu Etty Hillesum, Édith Stein serait entrée en sympathie et, qui sait ? en amitié avec elle, cette jeune femme qui se moquait de la morale, mais peut-être pas de l'éthique, et qui aimait tellement discuter littérature, philosophie et histoire. Etty aurait admiré Édith, cette autre Esther...

Édith Stein elle aussi aimait l'histoire et d'une manière qui est un peu devenue la nôtre en certains domaines: elle a cru possibles le rapprochement des religions issues de l'Alliance, l'épuisement des conflits opposant catholiques et protestants et la réconciliation des peuples ravagés par la guerre.

4. *Soi-même comme un autre*, Seuil, 1990, p. 203.

C'est en ce sens que, le 1er octobre 1999, le pape Jean-Paul II l'a déclarée copatronne de l'Europe, avec l'étonnante sainte Christine de Suède et les deux frères évangélisateurs des peuples slaves, saint Cyrille et saint Méthode.

Disons enfin qu'Édith Stein a excellé en amitié.

Si les nazis n'avaient pas gazé tout de suite le convoi qui l'emporta à Auschwitz, elle aurait pu être, elle aussi, une vraie « résiliente », (capable de rebondir sur les pires obstacle), aimée de ses compagnes qui auraient compté sur elle. Et qui l'auraient également soutenue.

La réciprocité étant le fondement de l'amitié dans une vraie liberté.

La liberté, nous savons qu'Édith Stein en fit son étendard.

Et l'amitié n'était pas seulement pour elle tissée d'attachements et sentiments, c'était surtout à ses yeux une « vertu », une « excellence », comme l'écrivait Aristote dans l'*Éthique à Nicomaque*.

Une excellence qui suppose que pour aimer autrui, on s'aime d'abord soi- même comme un autre (soi-même).

« Tu aimeras ton prochain comme toi-même. »

J'ai parlé au début de mon essai de l'orgueil d'Édith Stein. Aujourd'hui j'emploierai plutôt le mot d'estime de soi, nécessaire dans toute relation à autrui. Cette estime-là, Édith l'éprouvait à vraiment bon droit, comme chacun de nous est également fondé à la préserver pour lui-même, quels que puissent être ses propres manques — et pour autant que nous ne soyons pas esclaves d'inextricables fantasmes paranoïaques, destructeurs de soi et de l'autre.

Édith Stein a ceci d'unique qu'elle fut une femme véritablement libre qui, en dépit du mur de contradiction dressé devant elle et qui aurait pu l'écraser, résista jusqu'au bout, malgré tous les antagonismes.

Et elle a aussi réussi à sauvegarder sa triple appartenance à l'Allemagne, au judaïsme et à l'Église : une situation assez rare et bien difficile à assumer.

Si j'étais Allemande, je serais heureuse de ce que mon pays, responsable de tant de malheurs, ait été la patrie d'une telle femme.

Si j'étais juive, malgré mon amertume, je serais fière de ce que mon peuple ait été « l'olivier franc » sur lequel a grandi ce rejeton « sauvage ».

Catholique, je suis émue de ce que mon Église,

en dépit de ses infidélités, ait été le sein qui enfanta sainte Thérèse-Bénédicte de la Croix.

Livre aux sept sceaux d'Édith Stein, entrouvert dans une totale liberté.

Et voix inoubliable qui s'est élevée en nous comme «une musique silencieuse», étouffée dans un cri.

Remerciements

Je remercie de tout cœur mon ami André Robert de m'avoir aidée de ses précieux conseils philosophiques.

Je remercie aussi Jean-Claude Buis d'avoir dessiné la photographie d'Édith Stein en s'inspirant de la dernière photo qui figure sur sa carte d'autorisation de séjour à Echt.

Et je remercie Daniel Cohen, directeur de la collection *Profils d'un classique* et des éditions Orizons d'avoir bien voulu publier mon ouvrage.

Table des matières

Introduction 7

I
« De commencements en commencements »...
De l'enfance à la maturité philosophique 17

II
Présent du passé, présent du présent, présent du futur
Philosophie de la liberté 51

III
« ...jusqu'à des commencements qui n'auront plus de fin »
Cologne, Echt, Auschwitz 97

Conclusion 151

Remerciements 161

619470 - Septembre 2015
Achevé d'imprimer par